VORWORT

Das Sticken mit der Hand hat unter den Handarbeiten einen besonderen Stellenwert. Anstatt einen Gegenstand zu produzieren, kann man mit Stickereien so ziemlich alles verzieren, was man möchte. Ob es nun Filz, eine Stoffschürze oder Wollsocken sind, alles kann ganz individuell an den eigenen Geschmack angepasst werden. Das macht für mich das Besondere am Sticken aus.

In einer Welt, in der so gut wie alles in Massen produziert wird, ist es umso schöner, den Dingen einen eigenen Stempel aufdrücken oder vielmehr aufsticken zu können.

Doch die Vorzüge des Stickens gehen weit darüber hinaus. Gerade wenn man sich oft gestresst und überwältigt fühlt von den vielen Dingen, die man noch erledigen muss, kann das Sticken ein Ruhepol sein. Denn Sticken ist eine Tätigkeit von eher langsamer Natur. Das gibt uns die Möglichkeit, uns ganz darauf einzulassen und in Ruhe dazusitzen, während wir etwas Eigenes mit den Händen erschaffen. Für viele ist das sehr entspannend und ein wunderbarer Ausgleich zu einem sonst stressigen Alltag.

In diesem Buch finden Sie Inspirationen und Anleitungen zum Sticken im Cottage-Stil. Dabei feiern wir die einfachen Dinge im Leben und vor allem die Verbindung zur Natur. Die Projekte im Buch verbinden alltägliche Gegenstände mit Motiven aus der Natur – bereit um Ihren Tag zu verschönern.

Ich wünsche Ihnen viel Freude und entspannte Stunden beim Sticken!

Anne Mende

GRUNDLAGEN

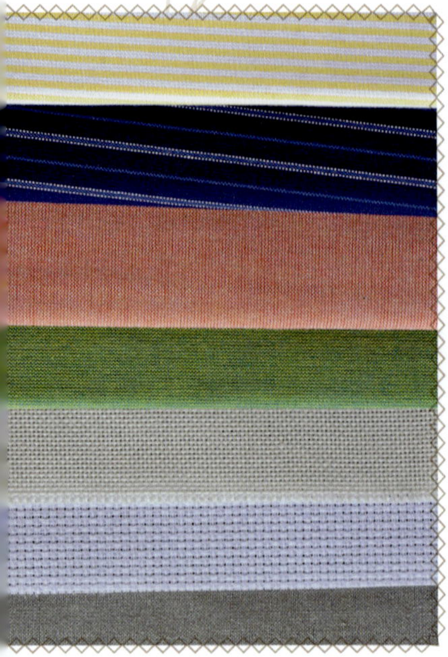

Mein Tipp

Zum Messen der Webdichte nimmt man ein Millimeter-Lineal und zählt die Anzahl der Fäden auf 1 cm aus.

STOFFE

Die Auswahl an Stoffen ist riesig, doch nicht jeder Stoff ist für jede Stickerei gleich gut geeignet.

Stoff wird anhand der Anzahl der Fäden pro Zentimeter oder Inch – auch Webdichte genannt – unterschieden. Je mehr Fäden ein Stoff pro Zentimeter hat, desto feiner ist er.

Welcher Stoff zum Sticken geeignet ist, hängt sehr stark vom jeweiligen Stickprojekt ab. Hier ein paar Grundregeln zur Orientierung:

1. Je kleiner oder feiner das Projekt ist, desto feiner sollte auch der Stoff sein.
2. Für Stickarten wie Linienstiche oder auch die meisten Füllstiche kann man im Prinzip jeden Stoff nehmen, durch den man eine Nadel stechen kann. Stoffe in Leinwandbindung sind leichter zu bearbeiten als Stoffe in Köperbindung (wie Jeans), da sich diese Art Stoff nicht so sehr verzieht.
3. Strickstoffe wie Jersey sind schwieriger zu besticken, da sich das Gestick durch die Elastizität des Stoffes schnell zusammenziehen kann. Bei Strickstoffen sollte man immer die gleiche Fadenspannung beibehalten und den Faden wie auch den Untergrund nie zu straff ziehen. Beim Einspannen in einen Rahmen am besten nur ganz leicht einlegen und nicht ziehen.

Man kann auch auf vielen anderen Materialien sticken. Alles, was ein Raster hat, wie etwa Metallgitter, Leder oder gelöchertes Holz, kann zum Sticken verwendet werden. Werden Sie kreativ und schauen Sie sich um!

FADEN

Die Wahl des Fadens ist abhängig vom Stickvorhaben. Je gröber der Stoff, desto dicker muss in der Regel auch der Faden sein.

MATERIAL

Baumwolle ist ein sehr häufig genutztes Material für Stickgarne. Baumwollgarn ist strapazierfähig, hat je nach Verarbeitung einen leichten Glanz und ist pflegeleicht.

Wolle wird gerne für Crewel-Arbeiten, aber auch für Zählmuster wie Kreuzstich oder Bargello genutzt, wo die Stiche ganze Flächen ausfüllen müssen.

Seide ist kostspielig und bedarf etwas Übung in der Handhabung. Seide hat einen wunderbaren Glanz und eine große Farbleuchtkraft, neigt allerdings bei kräftigen Farben manchmal zum Ausbluten.

GARNARTEN

Sticktwist ist meist aus Baumwolle und besteht aus sechs dünnen Einzelfäden, die zu einem Stickfaden zusammengedreht sind. Er lässt sich leicht teilen und kann dadurch sehr gut an verschiedene Stoffe und Techniken angepasst werden. Es gibt ihn in sehr vielen Farben und auch in Sondervarianten wie Gold, Neon oder im Dunkeln leuchtend.

Tapisserie-Wolle ist ein sehr dickes Wollgarn, das nicht geteilt werden kann. Dieses Garn eignet sich sehr gut für Stickereien auf Filz und Gestricktem. Es ist in vielen Farben verfügbar.

„LANGES FÄDCHEN, FAULES MÄDCHEN“

Es ist verlockend, nicht allzu oft neu einfädeln zu müssen, doch beim Sticken sollte man vom Faden maximal 50 cm lange Stücke abschneiden. Warum? Jedes Mal, wenn der Faden durch den Stoff gezogen wird, raut sich seine Oberfläche weiter auf. Und so kann der letzte Teil des Fadens am Ende etwas matter im Glanz oder sogar schmutzig sein und reißen, wenn der Zug stark genug ist.

FARBECHTHEIT

Billiges Stickgarn ist oft nicht farbecht und neigt besonders bei kräftigen Farbtönen wie Rot, Blau oder Schwarz dazu, auszubluten, sobald es mit Wasser in Berührung kommt, auch beim Bügeln. Um die Qualität des Garns zu testen, entweder ein Probestück auf weißem Untergrund sticken oder Stickgarn in ein Glas mit Wasser geben. Färbt sich das Wasser deutlich, ist das Garn nicht waschfest.

Mein Tipp

Beim Abziehen des Fadens darauf achten, dass die Banderolen am Garnknäuel bleiben. Ziehen Sie immer nur so viel Faden heraus, wie Sie brauchen.

NADELN

Das Öhr der Nadel sollte groß genug sein, um den Faden problemlos einfädeln und leicht durch den Stoff führen zu können.

Stumpfe Nadeln sind gut für Zählstiche geeignet, um die schon gestickten Bereiche bzw. die Fäden des Stoffes nicht zu zerstechen. Das Zerstechen der Fäden kann dazu führen, dass das Gestick unsauber aussieht. Ebenso ist es leichter, Stiche aufzutrennen, wenn sie nicht quer durcheinandergestochen wurden.

Dicke, spitze Nadeln sind für dicke oder feste Stoffe und für dickere Fäden geeignet.

Für viele Linienstich- und Füllstichstickereien nimmt man eine schmale längliche Nadel mit Spitze.

Normale Nähnadeln haben oft ein zu schmales Öhr für Handstickgarne und sind daher zum Sticken nur bedingt geeignet.

STICKRAHMEN

Für viele ist das freihändige Sticken am Anfang noch ein Buch mit sieben Siegeln. Es bedarf einiger Übung, den Faden und den Stoff so gleichmäßig zu spannen, dass sich das Gestick nicht verzieht. Hilfreich sind hier alle möglichen Varianten von Stickrahmen, die zumindest das Spannen des Stoffes erleichtern. Bei einigen sehr stabilen oder groben Stoffen wie Aida oder Stramin ist ein Stickrahmen auch für Anfänger nicht unbedingt notwendig.

Die meisten Handarbeitsläden führen runde Rahmen im Sortiment. Deshalb wird in diesem Buch hauptsächlich damit gearbeitet. Der Rahmen sollte groß genug sein, um das ganze Stickmotiv zu fassen, da sonst die schon gestickten Bereiche beim erneuten Abspannen beschädigt werden könnten. Bei sehr großen Motiven bietet es sich an, den Rand mit einem Stück Stoff abzudecken, damit der Rahmen die Stiche nicht beschädigt.

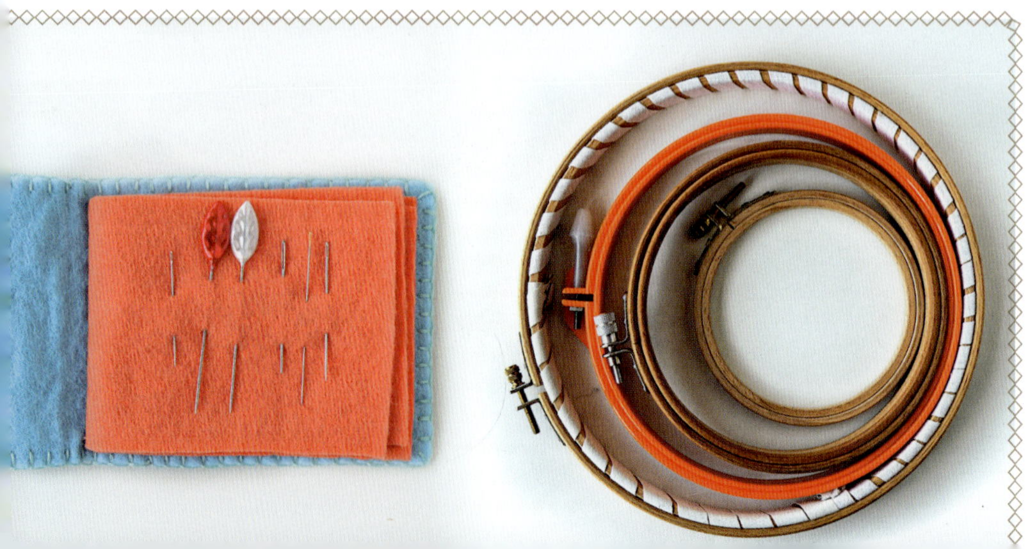

HILFSMITTEL

Zu den wichtigen Werkzeugen beim Sticken gehören eine kleine, spitze Schere, eine größere Stoffschere und ein langes Lineal oder Maßband. Weiterhin gibt es praktische Hilfen wie Fingerhüte, Fadeneinfädler und Stecknadeln. Sie alle erleichtern das Sticken sehr.

Wenn man sich längere Zeit mit dem Sticken beschäftigt, sammelt sich gern eine Menge Material in Form von Fäden, Stoff und Rahmen an. Gerade bei Stickgarnen ist das Verheddern vorprogrammiert, wenn man sie einfach wild durcheinander in eine Schachtel wirft. Um keine zeitraubenden Entknotungsaktionen zu provozieren, sollten diese Ordnungsmöglichkeiten in Betracht gezogen werden:

Aufwickeln auf Spindeln ist eine einfache Methode, um Stickgarn zu sortieren und Ordnung zu halten. Schreibt man die Farbnummern auf die Spindeln, hat man die passende Nummer stets zur Hand, auch wenn die Banderole verloren gegangen ist. Für Spindeln gibt es gesonderte Boxen, die das Sortieren zusätzlich erleichtern.

Wiederverschließbare Beutel kann man verwenden, um Garn nach Farben zu sortieren oder auch um das Stickgarn für das aktuelle Projekt gesondert abzulegen.

Perlgarnbälle lassen sich dekorativ in großen, bauchigen Gläsern sammeln.

TIPPS FÜR LINKSHÄNDER

Die meisten Sticharten können von rechts nach links gearbeitet werden bzw. entgegengesetzt der in der Anleitung vorgeschriebenen Richtung.

Beim Umwickeln der Nadel immer in die andere Richtung wickeln.

Mein Tipp

Genau wie beim rechtshändigen Sticken wird immer von oben nach unten gearbeitet. Das hat vor allem den Grund, dass man mit der Hand nicht ständig das schon Gestickte berührt und es dadurch zu ungleichmäßigem Fadenabrieb oder Verschmutzungen kommt.

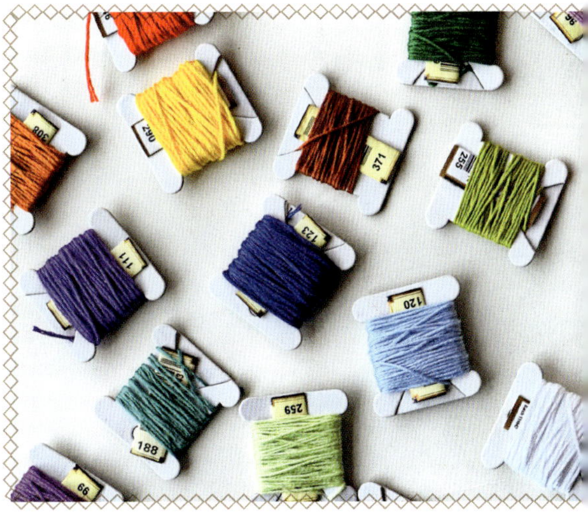

ERSTE HILFE – TYPISCHE FEHLER

Stiche zu fest angezogen: Deutlich zu erkennen an den weit geöffneten Einstichlöchern. Der Stoff spannt und wellt sich. Mit Bügeln bekommt man die Falten in der Regel nicht wieder heraus. Die Fäden etwas lockerer sticken.

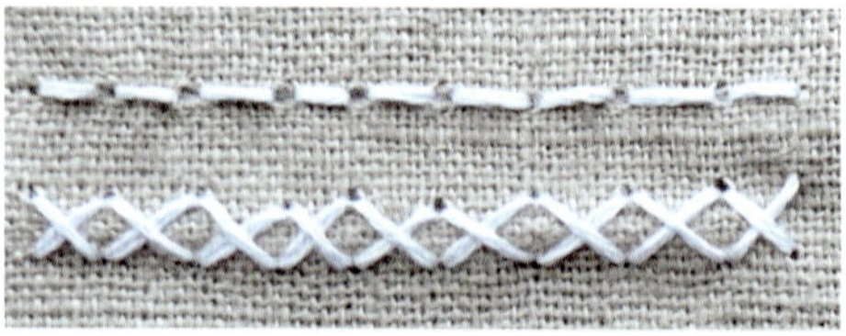

Stiche zu locker gestickt: Die Fäden können hin- und herbewegt werden und schlagen Wellen. Die Stickerei hat keine klaren Linien und wirkt unsauber. Die Fäden beim Sticken etwas fester anziehen.

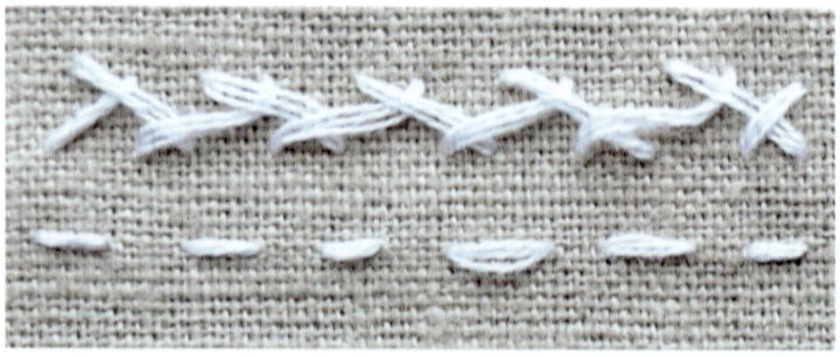

Zu dicker Faden für den Stoff: Der 3-fädige Sticktwist (oben) schlägt als einziger keine Wellen im Stoff, da er genau die richtige Stärke hat. Sowohl das 6-fädige Stickgarn (Mitte) als auch das Perlgarn (unten) sind zu dick für diesen Stoff. Zur Probe vorher immer ein kleines Stück des Stoffes besticken. So wird deutlich, ob die Fadenstärke für die Stiche und den Stoff passt.

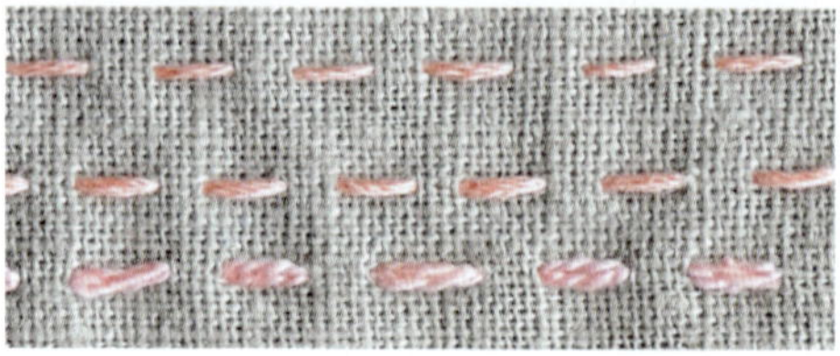

Zu lange Spannfäden: Die Fäden sind über zu weite Distanzen gespannt. Dadurch zieht sich der Stoff zusammen und beult aus. Dasselbe gilt teilweise auch für Fäden auf der Rückseite des Projektes.

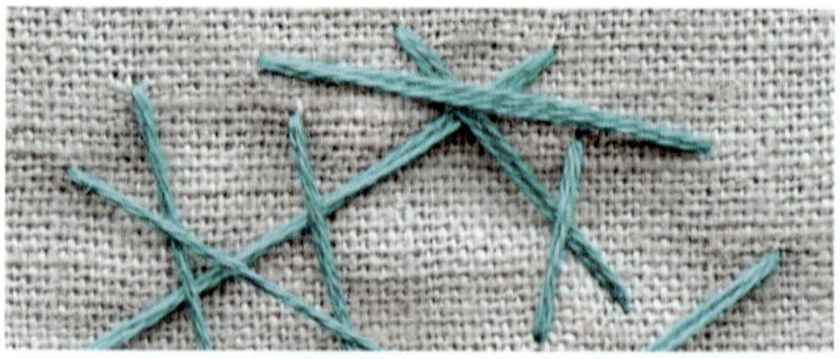

Fadenvergleich Kreuzstich: Von oben nach unten hat jede Reihe einen Faden mehr als die vorherige Reihe. Dadurch variiert die Deckkraft der Stiche.

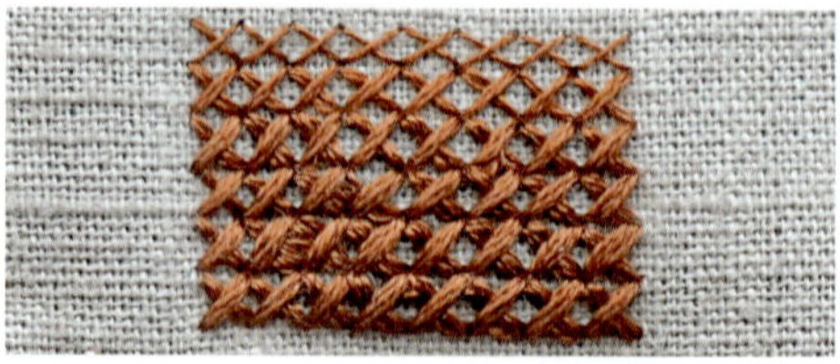

Platt gebügelte Stiche: Die Stiche sind mit Druck überbügelt worden und sehen platt und gequetscht aus. Beim Bügeln immer eine weiche Unterlage benutzen und das Motiv nur von der Rückseite aus bügeln.

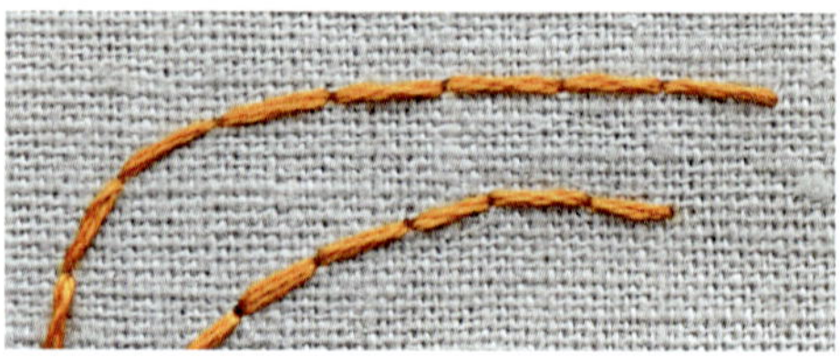

DIE ARBEIT FERTIGSTELLEN

Nach dem Sticken wird die Arbeit – soweit notwendig – geglättet. Bei Leinenstoff reicht es meist, den Stoff feucht zu machen, glatt zu streichen und trocknen zu lassen. Hierbei besonders darauf achten, dass die Fäden farbecht sind und beim Kontakt mit Wasser nicht ausbluten.

Muss doch gebügelt werden, unbedingt auf der Rückseite des Stoffes bügeln und die Stickerei dabei auf eine weiche Unterlage legen. Beim Bügeln auf der Vorderseite werden die Stiche platt gedrückt und verlieren an Glanz.

EINRAHMEN

Zum Einrahmen einer Stickerei in einen handelsüblichen Bilderrahmen ist es vorteilhaft, zwischen Rahmenrückseite und Stickerei eine Polsterung zum Beispiel aus Filz zu legen. Diese fixiert das Bild und verhindert außerdem, dass die Stiche durch die Glasscheibe platt gedrückt werden.

VERWENDUNG FÜR ANDERE PROJEKTE

Soll die Stickerei für Taschen oder andere Gebrauchsgegenstände verwendet werden, sollte die Rückseite durch ein Innenfutter geschützt werden. Denn wenn sich einzelne Fäden der Stickerei von innen durchreiben, könnte sich die ganze Arbeit sozusagen in Luft auflösen.

Beim Besticken von Kleidung sollten Knoten auf der Rückseite des Gesticks vermieden werden, da sie schnell anfangen zu scheuern, wenn sie direkt auf der Haut aufliegen.

Beim Einschneiden direkt in die Stickerei am besten beide Seiten vorher mit der Nähmaschine durch eine Naht sichern, damit sich keine Stiche lösen können.

STICKEN AUF KLEIDUNG UND ANDEREN GEGENSTÄNDEN

Anders als beim Sticken von Stickbildern für die Wand müssen beim Sticken auf Kleidung oder anderen Gegenständen einige Dinge beachtet werden.

STICKEN OHNE STICKRAHMEN

Bei manchen Stickprojekten ist es nicht möglich oder nötig, einen Stickrahmen zu benutzen. So lässt sich zum Beispiel für kleine Teile wie die Kosmetiktasche oder auch Taschen von Blusen oder Hosen schwer ein Stickrahmen in der Größe finden. Manche Stoffe sind jedoch robust genug, dass man sie auch ohne Stickrahmen besticken kann. So ist beispielsweise Jeansstoff so fest, dass man ihn beim Sticken gut halten kann. Beim Sticken ohne Stickrahmen sollte man folgende Grundregeln beachten:

Die Fäden nicht zu fest anziehen, sonst kann sich der Stoff verziehen.

Bei Taschen immer darauf achten, dass nur die vordere Lage Stoff durchstickt wird, sonst ist die Tasche zugenäht.

Ist der Stoff zu dünn, hilft ein Bügelvlies auf der Rückseite als Stabilisator.

STICKEN AUF KLEIDUNGSSTÜCKEN

Die Materialien bei Kleidungsstücken könnten unterschiedlicher nicht sein. Am einfachsten arbeitet es sich auf reinen Naturmaterialien wie Baumwolle und Leinen. Deshalb empfehle ich für alle Projekte in diesem Buch, auf diese Materialien zurückzugreifen. Da Kleidung auch gewaschen wird, sollte man darauf achten, welches Material man für das Garn benutzt. Das in den Anleitungen empfohlene Baumwollstickgarn ist ohne Probleme bei hohen Temperaturen wasch- und bügelbar. Wollgarn hingegen muss genauso gehandhabt werden wie ein Kleidungsstück aus Wolle; hier gilt Handwäsche oder der Wollwaschgang der Waschmaschine. Aus diesem Grund ist es in der Regel hilfreich, die Materialien aufeinander abzustimmen: zu Baumwolle und Leinen passt Baumwollsticktwist, zu Wolle eher Wollstickgarn. Zum Waschen die Seite mit der Stickerei am besten nach innen drehen.

Bei der Verzierung von Kleidung sollte man sehr lange Stiche vermeiden, da man sich leicht daran verhaken kann und sich das Gestick unter Umständen schnell verzieht. Wer sichergehen möchte, kann auf der Rückseite der Stickerei nach dem Sticken ein Bügelvlies auftragen. Das schützt nicht nur die Stiche, sondern beugt auch kratzigen Stellen durch Knoten vor.

ABÄNDERN DER FARBEN

Man muss sich nicht immer an die im Buch vorgegebenen Farben halten. Die Farbwirkung kann allerdings stark von der ursprünglichen Optik abweichen. Eine gelb-grüne Stickerei wie der Bienenkorb wirkt auf der dunkelgrünen Schürze ganz anders als auf einer weißen oder hellblauen Schürze. Am besten ist es, immer ein paar Farben Stickgarn zur Auswahl zu haben und sie direkt auf dem entsprechenden Stoff auszuprobieren.

Für die Farbauswahl kann man auch sehr gut Fotos zurate ziehen. Gefällt eine Zusammenstellung, muss herausgesucht werden, welche Farben genau im Bild vorhanden sind. Diese werden dann auf die Menge an Farben reduziert, die für das Werk gebraucht werden.

Ob eine Farbzusammenstellung funktioniert, lässt sich ganz einfach herausfinden. Dazu die Vorlage mehrfach kopieren und die einzelnen Flächen, die später bestickt werden sollen, mit Buntstiften, Wasserfarben etc. ausfüllen. Die Umrisslinien sollten möglichst hell sein, da Schwarz – solange man die Stickerei nicht auch schwarz umstickt – die Farbwirkung stark beeinflussen kann. Viele Druckprogramme und Kopiergeräte haben eine entsprechende Aufhellfunktion. Das gleiche gilt für den Hintergrund der Vorzeichnung. Ein Motiv wirkt auf Weiß immer anders als auf farbigem Untergrund. Der Hintergrund sollte auf der Vorzeichnung also unbedingt mit ausgemalt werden, wenn man den Farbeindruck testen will.

STICKEN AUF STRICK

Je gröber das Gestrickte ist, desto dicker sollte auch der Faden sein, mit dem gestickt wird. Bei selbstgestrickten Sachen ist es natürlich ideal, denselben Faden auch zum Besticken zu benutzen – auch wenn es nicht explizit Stickgarn ist. So verhalten sich die Materialien exakt gleich und man hat keine Probleme beim Waschen oder Tragen.

Die grob gestrickten Sachen haben recht große Zwischenräume. Deshalb lohnt es sich, hier weniger mit Knoten zum Befestigen der Fäden zu arbeiten. Sie können nach einer Weile einfach durchrutschen. Bewährt hat sich die Schlaufenmethode. Dabei das Fadenende verknoten und den Faden anschließend durch eine der gestrickten Maschen ziehen. Bevor der Knoten durch die Masche rutscht, mit der Nadel einmal durch den Stickfaden kurz vor dem Knoten hindurchsticken. So entsteht eine Schlaufe, die fest genug ist, um den Faden zu sichern. Beim Sticken auf Strick muss besonders darauf geachtet werden, dass die Stiche nicht zu fest angezogen werden, da Stricksachen deutlich elastischer sind als viele andere Stoffe. Auch gibt es Stiche, die hier weniger gut funktionieren wie zum Beispiel der Knotenstich. Dieser würde einfach durch die Maschen hindurchrutschen. Sehr gut funktionieren auf Strickstoffen Ketten-, Fliegen-, Stiel- und Plattstiche. Außer letzterem sind all diese Stiche sehr elastisch und dehnen sich ein Stück mit.

STICHE

VORSTICH

Der Vorstich wird hauptsächlich als Linienstich genutzt und sieht wie eine gestrichelte Linie aus. Beim Nähen wird er gern als Heftstich verwendet, um die Teile vor dem Zusammennähen zu fixieren. Beim Sticken wird der Vorstich auch als Grundlage für darüberliegende Füllstiche eingesetzt, da er sehr sparsam im Fadenverbrauch ist und flach aufliegt. Als Füllstich wird der Vorstich in Form des Webstiches genutzt. Dabei werden die Abstände zwischen den Stichen bzw. die Stichlängen so variiert, dass sich geometrische Muster bilden oder die Fläche gleichmäßig ausgefüllt wird.

Durch die Veränderung der Länge von Stich und Zwischenraum kann man den Vorstich etwas variieren. Ist die Stichlänge identisch mit der Länge des Zwischenraumes, ist der Vorstich auf der Vorder- und Rückseite des Gestickten gleich.

Die japanische Sticktechnik Sashiko nutzt hauptsächlich den Vorstich.

So gelingt's

Der Stich wird von rechts nach links gearbeitet. Die Nadel wird abwechselnd von oben und unten in einer Linie durch den Stoff geführt.

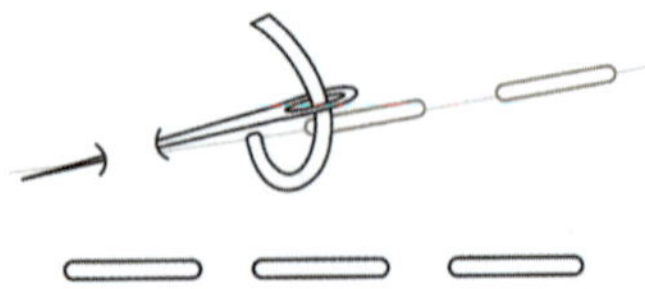

RÜCKSTICH

Der Rückstich, auch Steppstich genannt, wird sehr häufig in der Linienstickerei verwendet.

Der Rückstich ist einer der einfachsten Stickstiche und sehr gut zum Nähen mit der Hand geeignet. Er erzielt eine solide Linie, kann um enge Kurven gestickt werden und ist schnell gearbeitet.

Auf der Rückseite sieht der Rückstich aus wie der Stielstich.

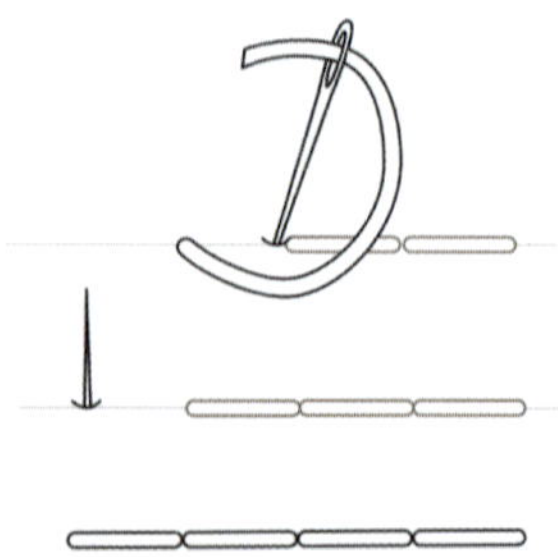

So gelingt's

Der Stich wird von rechts nach links gearbeitet. Die Nadel wird eine Stichlänge rechts vom Startpunkt durch den Stoff gestochen und eine Stichlänge links vom Startpunkt wieder nach oben geführt. Der nächste Stich wird immer in das Einstichloch des vorherigen Stiches hinein- und eine Stichlänge links davon wieder herausgeführt.

STIELSTICH

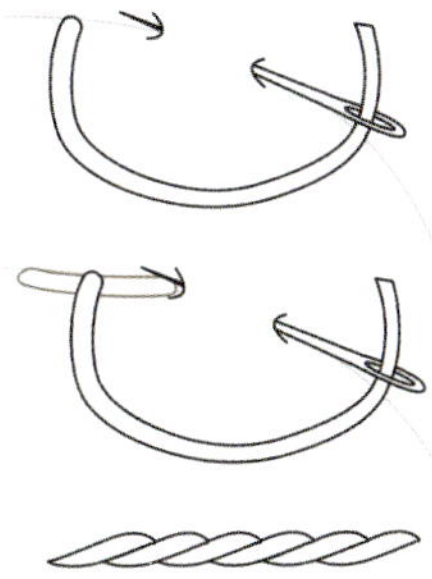

Der Stielstich bildet eine dicke, solide Linie. Er besteht aus Einzelstichen, die sich teilweise überlappen, wodurch das Stickbild wie eingedreht aussieht. Man kann den Stielstich sowohl als Linienstich wie auch als Füllstich nutzen. Als Füllstich bekommt er jeweils eine andere Optik, wenn er in beide Richtungen hin- und her- oder immer in dieselbe Richtung gestickt wird, wie zum Beispiel bei einem Kreis.

Der Stielstich sieht auf der Rückseite aus wie der Rückstich.

So gelingt's

Der Stich wird von links nach rechts ausgeführt. Man sticht eine Stichlänge rechts vom Startpunkt aus in den Stoff ein und führt die Nadel auf der Hälfte der Strecke wieder heraus. Die folgenden Stiche werden immer eine halbe Stichlänge rechts vom letzten Einstichloch eingeführt und am letzten Einstichloch wieder nach oben gebracht.

KETTENSTICH

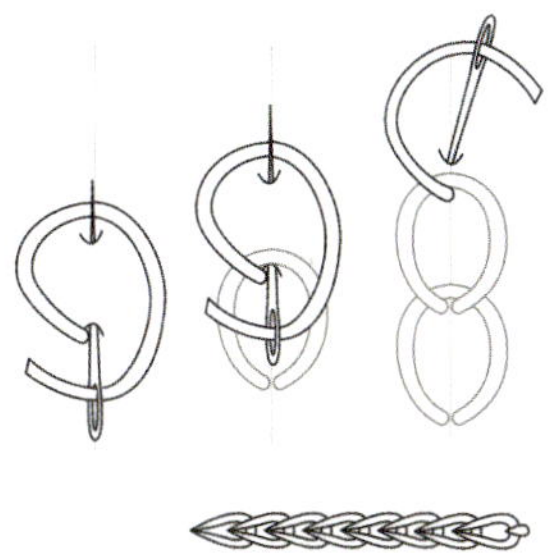

Der Kettenstich ist ein Schlingstich, der das Aussehen einer Kette imitiert. Durch Verschlingung wird der Stich relativ breit, sodass er im Vergleich zu anderen Stichen stark aufträgt. Der Kettenstich verbraucht durch seine Schlinge eine Menge Faden. Bei Projekten, die diesen Stich als Füllstich nutzen, sollte man mehr Fadenlänge einplanen als beispielsweise beim Vorstich.

So gelingt's

Der Stich wird von rechts nach links gearbeitet. Die Nadel wird in den Stoff eingebracht und eine Stichlänge entfernt wieder nach oben geführt. Ohne die Nadel herauszuziehen, wird nun der Faden einmal um die Nadelspitze gelegt. Der Faden muss dabei unter der Nadelspitze liegen. Die Nadel jetzt durchziehen und den Faden vorsichtig anziehen.

KNÖTCHENSTICH

Der Knötchenstich ist ein Stich mit starker Textur. Er wird gern genutzt, um Akzente hinzuzufügen, sei es als einzelne Punkte oder flächig. Knötchenstiche finden vor allem in der Abbildung von Naturelementen Anwendung wie zum Beispiel bei Blüten oder Wellen. Es braucht etwas Übung, diesen Stich gleichmäßig hinzubekommen.

Eine Nadel mit einem schmalen Öhr ist hier sehr hilfreich, um den Faden problemlos durch die Wickelung zu bringen.

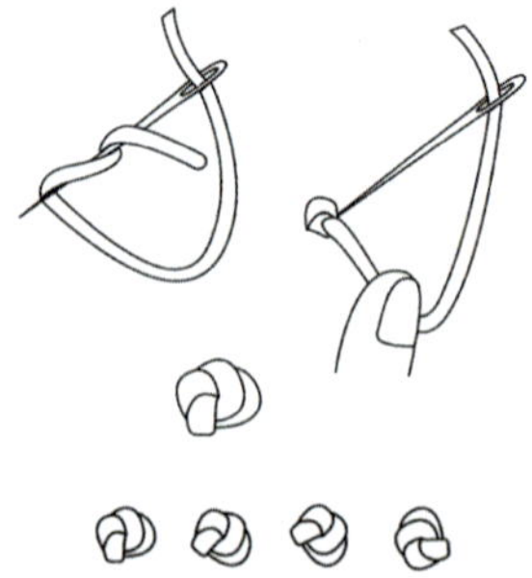

So gelingt's

Man sticht von links durch den Stoff und wickelt den Faden unmittelbar am Ausstich zweimal um die Nadel, sticht dann nahe des Ausstichs wieder ein, zieht aber noch nicht durch. Den Faden etwas anziehen, damit die Wicklung sich nicht lockert. Dann die Nadel vorsichtig durch den Stoff ziehen. Der Knoten muss oberhalb des Stoffes liegen. Um ein Durchrutschen des Knotens beim Durchziehen der Nadel zu verhindern, hilft es, die Nadel unterhalb des Stoffes mit Mittelfinger und Zeigefinger zu halten und leicht gegen die Einstichstelle zu drücken.

FLIEGENSTICH

Der Fliegenstich ist ein einfacher Fangstich, mit dem man wunderbar botanische Elemente wie Blätterranken sticken kann. Der Fliegenstich kann einzeln gesetzt oder als fortlaufender Stich angeordnet werden.

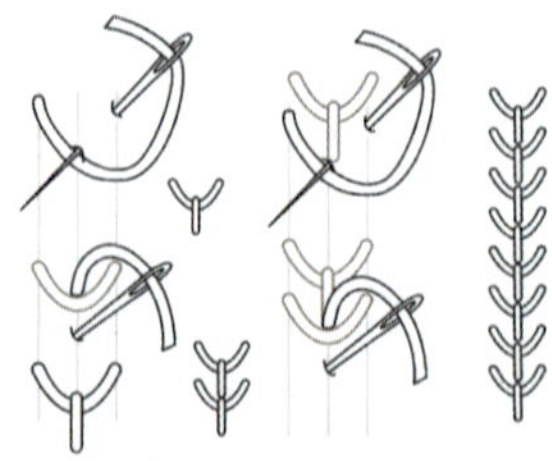

So gelingt's

Der Fliegenstich wird von oben nach unten gearbeitet. Am besten denkt man sich zwei parallele Linien. Man beginnt an der linken Seite und sticht auf derselben Höhe auf der rechten Linie ein. Den Faden aber noch nicht straff ziehen. Dann sticht man die Nadel etwas weiter unten, aber mittig zwischen den Linien wieder nach oben durch den Stoff. Die Nadel führt dabei so am Faden des ersten Stichs vorbei, dass die Schlaufe aufgefangen wird. Jetzt die Nadel ein Stück unterhalb wieder mittig nach unten führen und den Faden anziehen. Der kurze Stich unten sollte jetzt den ersten Stich festhalten, sodass ein U oder V entsteht. Der nächste Stich beginnt wieder auf der linken Seite auf Höhe des Scheitelpunkts des V.

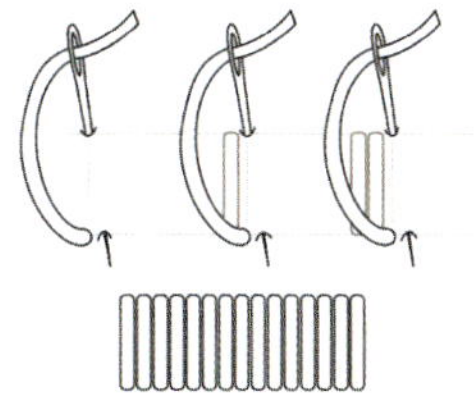

PLATTSTICH

Der Plattstich wird als Füllstich benutzt. Die parallel gesetzten Fäden bilden eine glatte und glänzende Oberfläche.

So gelingt's

Der Stich kann in alle Richtungen gestickt werden. Man denkt oder zeichnet sich auf dem Stoff zwei Linien, an denen entlanggestickt wird. Die Einstichstelle ist genau unterhalb des Startpunktes und die Nadel wird eng neben dem Startpunkt wieder nach oben gebracht. Die Stiche sollten so dicht wie möglich beieinanderliegen, damit keine Lücken entstehen.

VERSETZTER PLATTSTICH

Der versetzte Plattstich ist dem normalen Plattstich recht ähnlich. Doch lassen sich mit diesem Stich schöne Farbverläufe zaubern und größere Flächen abdecken

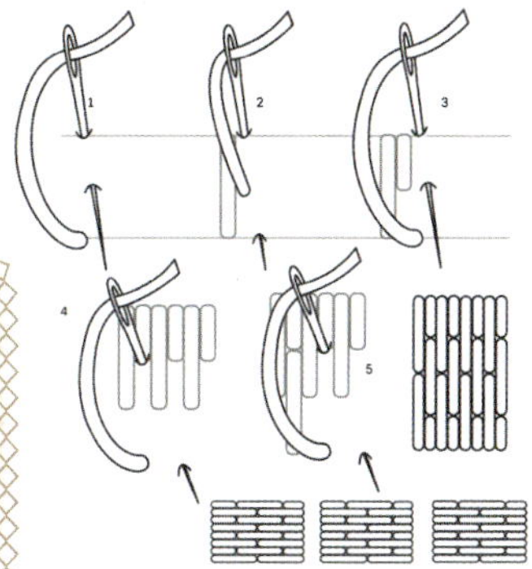

So gelingt's

Bei diesem Stich wird in der ersten Reihe abwechselnd ein kurzer und ein langer Stich gestickt. In den folgenden Reihen gleich lange Stiche versetzt zueinander arbeiten. Um am Ende auf eine gerade Linie zu kommen, die freien Stellen mit kurzen Stichen auffüllen.

WEBROSE

Die Webrose ist eine einfache Sticktechnik, um runde Blüten darzustellen. Sie wirkt am besten mit dickem Stickgarn. Je dünner das Garn desto kleiner der Umfang der Blume.

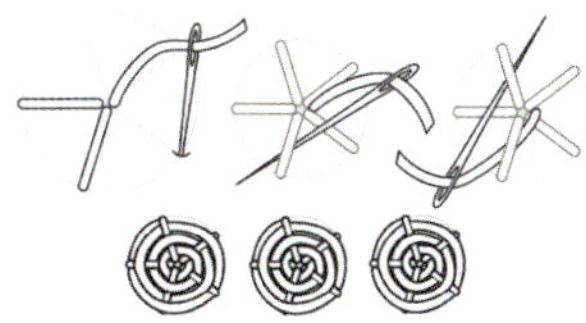

So gelingt's

Als Erstes einen Kreis mit Mittelpunkt aufzeichnen. Die inneren fünf „Speichen" mit einzelnen Stichen sticken. Dabei immer von außen nach innen und rundherum arbeiten. Jetzt wird gewebt. Dabei eine Nadel mit abgerundeter Spitze benutzen. Den Faden von der Stoffrückseite nach vorn bringen und immer abwechselnd über und unter den Speichen durchziehen. Dabei den Faden um die Kurven legen. Zum Schluss den Faden auf der Rückseite vernähen.

PROJEKT 1

WOLLSOCKEN

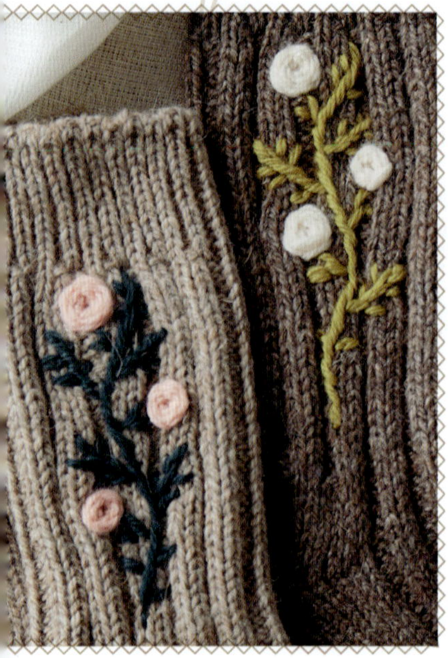

1 Beim Arbeiten mit dicken Wollsocken immer darauf achten, dass der Fadenanfang gut befestigt ist. Dazu das Fadenende verknoten, mit der Nadel von innen durch die Socke stechen, den Faden um eine Masche herumziehen und mit der Nadel vor dem Knoten am Fadenende durch den Faden stechen. So entsteht eine Schlaufe, die das Fadenende sicher hält.

2 Je nach Farbvariante mit dem grünen bzw. dunkelgrünen Faden beginnen und ein langgezogenes S im Stielstich sticken. Wenn die Socke ein Rippenmuster hat, kann dieses als Orientierungshilfe genutzt werden.

3 Die Blätter in Grün versetzt entlang des Stiels sticken. Dazu den Blattstiel im Stielstich vorsticken und jeweils 2–3 Stiche für die Blätter setzen. Dabei auch die 3 kürzeren Stiele für die Blüten bereits vorbereiten, dazu nur 2–3 Stielstiche mit einem Blatt sticken.

4 Die Blüten in Rosa bzw. Weiß sticken, dazu 5 Stiche im Kreis anlegen und die Blüte als Webrose sticken.

MATERIAL

- Anchor Tapisseriewolle in Dunkelgrün (Fb 8884) und Rosa (Fb 8394) oder Grün (Fb 9306) und Weiß (Fb 8000)
- Wollsocken in Hell- oder Dunkelbraun
- große Tapisserie-Sticknadel

Mein Tipp

Beim Besticken von Strickwaren immer darauf achten, die Stiche nicht zu fest zu ziehen, damit sich das Gestrick nicht verzieht.

Damit nicht aus Versehen die andere Seite mit bestickt wird, immer eine Hand beim Sticken in der Socke lassen.

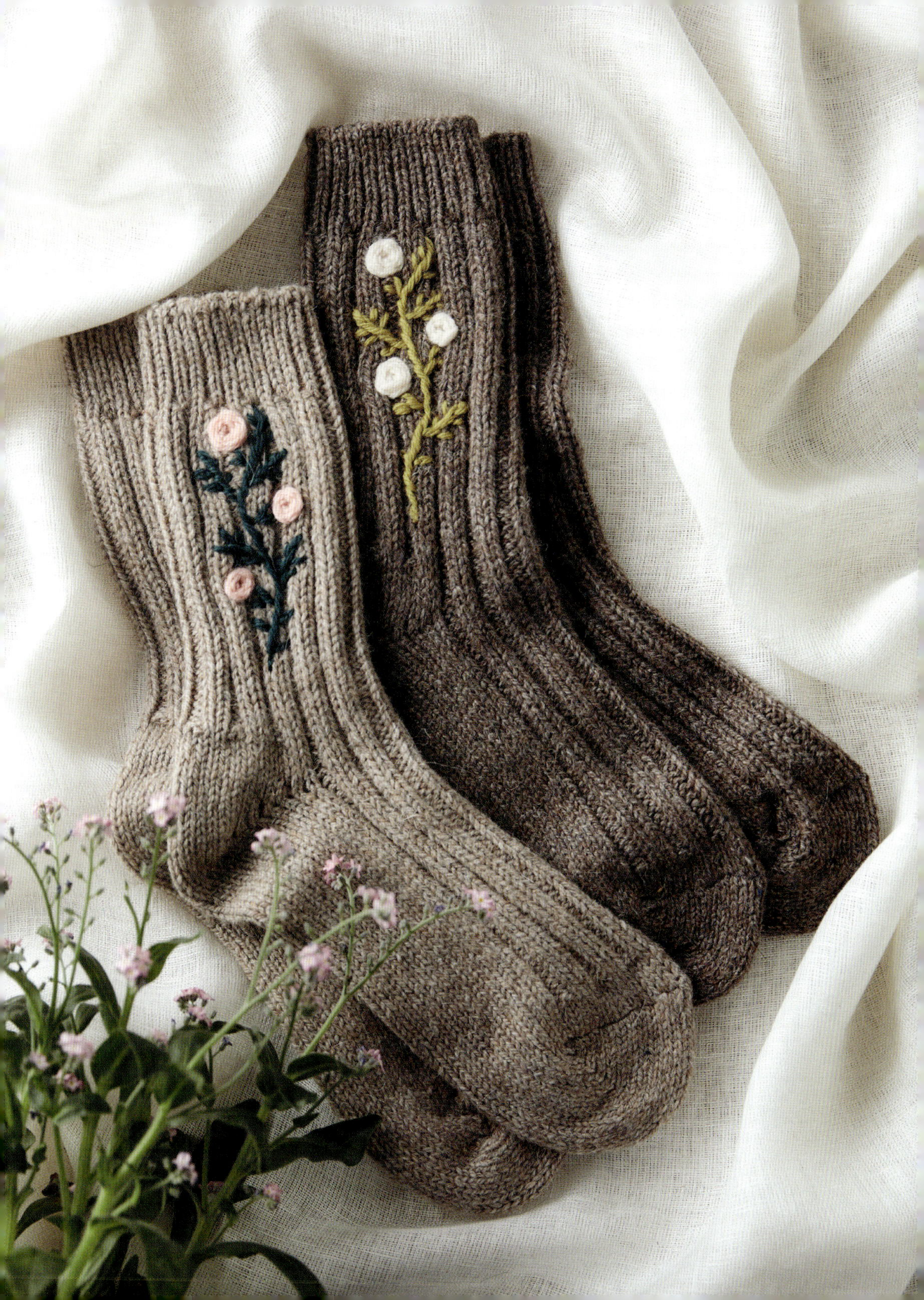

PROJEKT 2

OVALES WIESEN-BLUMENBILD

MATERIAL

- Anchor Sticktwist 6-fädig in Rosa (Fb 1022, 1023), Grün (Fb 269, 262), Weiß (Fb 002), Naturweiß (Fb 390), Gelb (Fb 298) und Dunkelbraun (Fb 380)
- Baumwollstoff in Blau, 20 cm x 20 cm
- ovaler Stickrahmen, 18 cm hoch
- feine Sticknadel

1 Für die Blumen zuerst alle Stängel 3-fädig in Dunkelgrün (Fb 269) im Stielstich sticken. Die Blätter im Plattstich ebenfalls 3-fädig arbeiten, dabei zwischen den Blättern die beiden Grüntöne abwechseln.

2 Die Blüten 6-fädig im Knötchenstich in Rosatönen bzw. Weiß und Naturweiß sticken. Damit die Blüten natürlicher aussehen, den dunkleren Farbton mehr auf der linken Seite platzieren und den hellen auf der rechten Seite, dabei jedoch in der Mitte keine scharfe Trennlinie bilden, sondern beide Farben mischen.

3 Die Bienen abwechselnd in Gelb und Dunkelbraun mit 3 Fäden arbeiten. Dazu jeweils 2–3 Plattstiche pro Farbe nebeneinander sticken. Für die Flügel zwei kleine Kettenstiche mit einem Faden in Naturweiß platzieren.

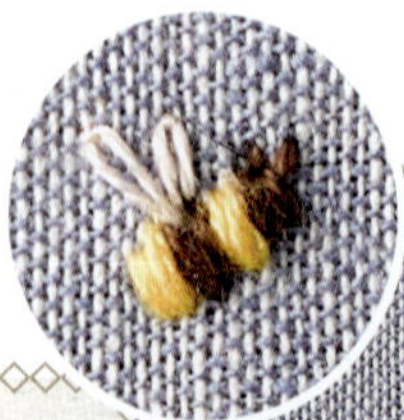

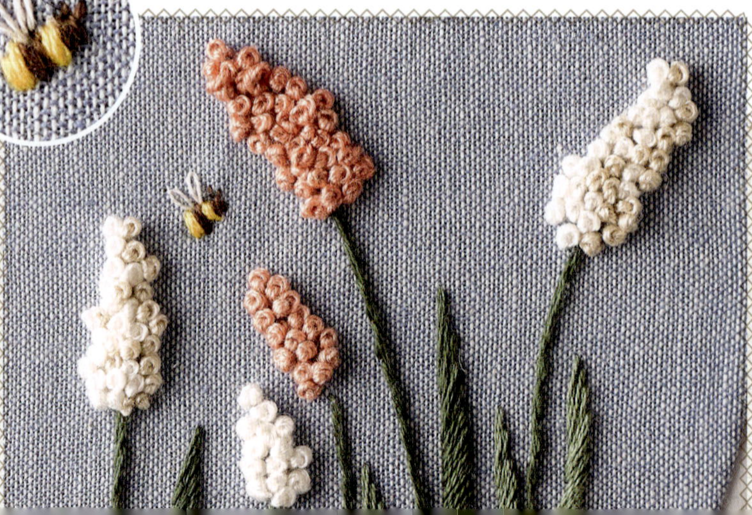

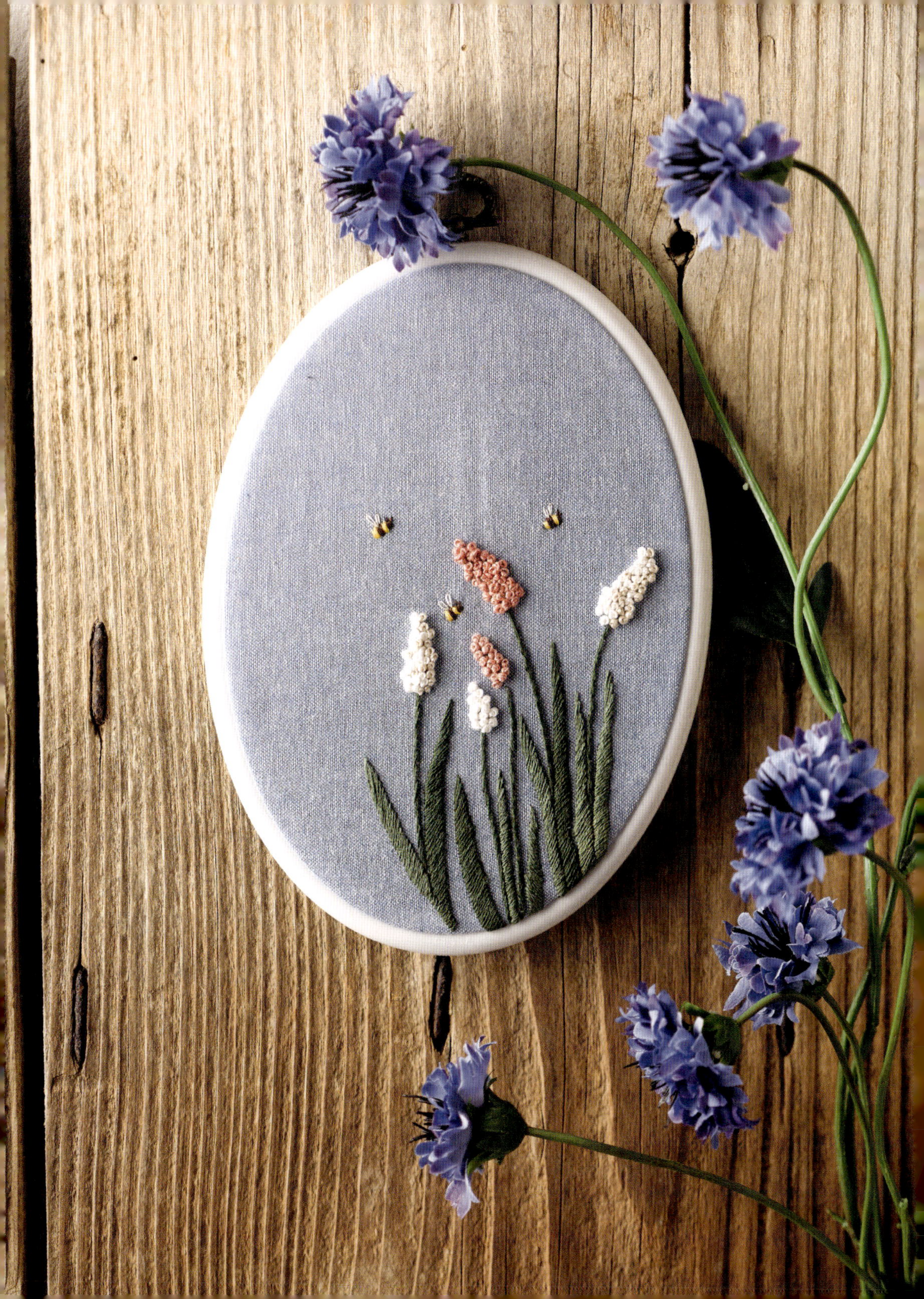

PROJEKT 3

STOFF-GIRLANDE

Das Stickgarn wird 2-fädig verwendet.

1 Die Konturen der einzelnen Wimpel auf den Stoff übertragen, aber noch nicht ausschneiden. Die Motive werden gestickt, bevor die Girlande zugeschnitten wird.

2 Für die Kornblumen den Stängel im Stielstich in Grün sticken. Anschließend im versetzten Plattstich in Grün die Blätter ausfüllen. Für die Blüte die Blautöne nacheinander von innen nach außen sticken. Dabei mit dem dunkelsten Blauton beginnen und die Blütenblätter im versetzten Plattstich schichtweise aussticken. In die Mitte einige Knötchenstiche in Hellblau setzen.

3 Für die gelben Blumen die Stängel in Blau (Fb 1034) mit dem Stielstich nachsticken. Die Blätter ebenfalls in Blau (Fb 1034) mit Plattstichen ausfüllen. Für die Blüten ca. 10 Knötchenstiche in Gelb kreisförmig anordnen.

MATERIAL

- Anchor Sticktwist 6-fädig in Grün (Fb 262), Blau (Fb 1036, 1034, 1033), Gelb (Fb 293), Rot (Fb 47), Naturweiß (Fb 390), Beige (Fb 372) und Dunkelbraun (Fb 380)
- feiner Leinenstoff in Leinengrau, 35 cm x 50 cm
- Bastband, 1,5 m
- Stickrahmen, ø 10 cm
- feine Sticknadel

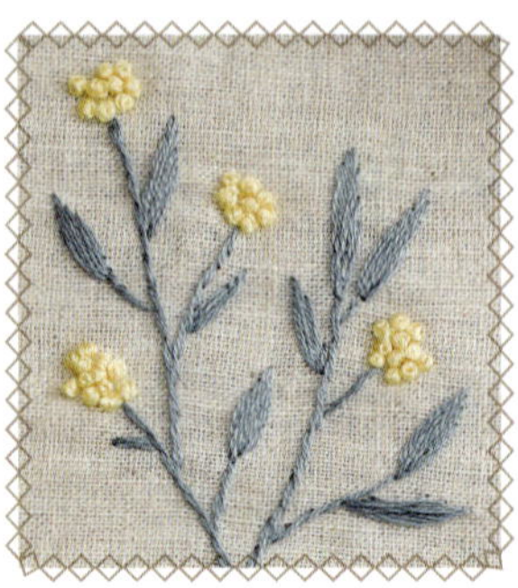

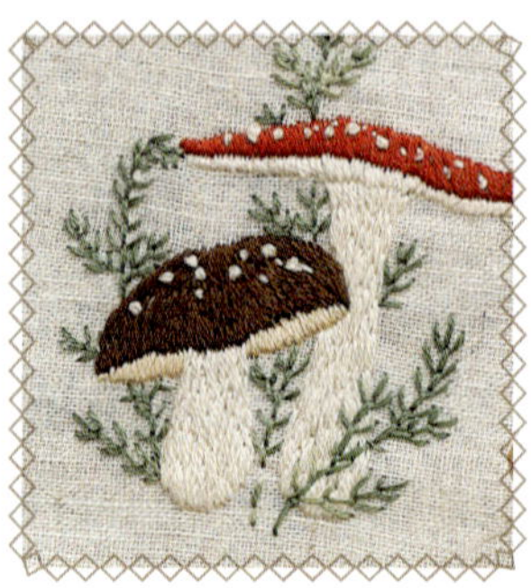

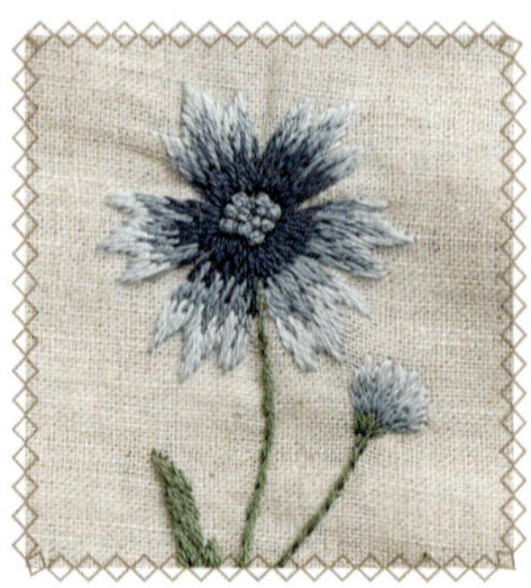

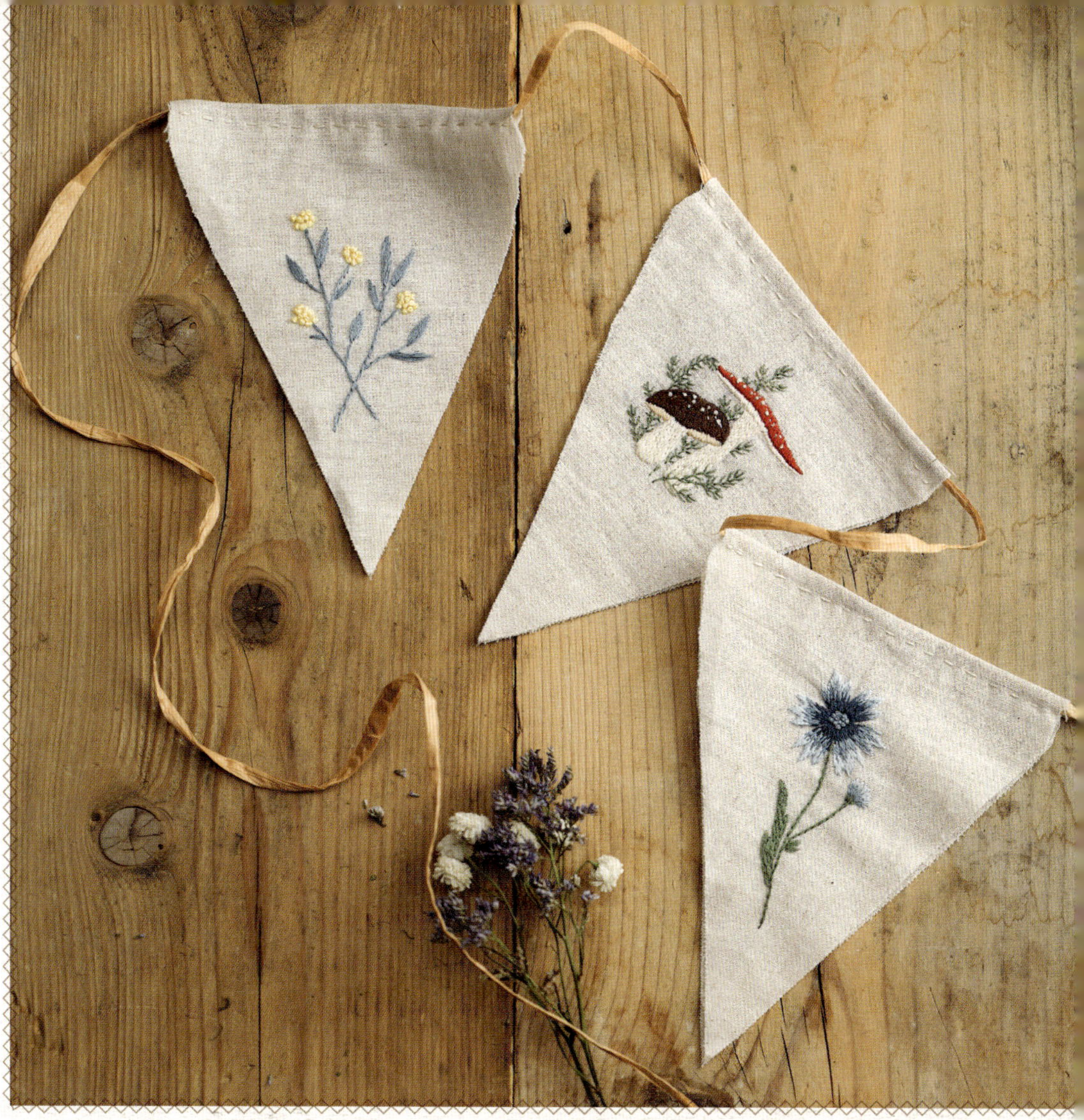

4 Für die Pilze zuerst die Stiele in Naturweiß im versetzten Plattstich sticken. Bei dem kleinen Pilz zuerst die Kappe in Dunkelbraun, dann die Lamellen in Beige im versetzten Plattstich ausfüllen. Den Fliegenpilz ebenso sticken, aber mit roter Kappe und naturweißen Lamellen. Anschließend auf beide Kappen Knötchenstiche in Naturweiß sticken. Zum Schluss mit dem Fliegenstich in Grün die dünnen Farne nachsticken. Dabei teilweise auch über den gestickten Stiel arbeiten.

5 Die drei Wimpel ausschneiden und zusammenfalten. Die Kordel in die Falte legen. Jeweils mit 6-fädigem Stickgarn in Naturweiß im Vorstich unterhalb der Kordel einmal über die gesamte Wimpelbreite sticken.

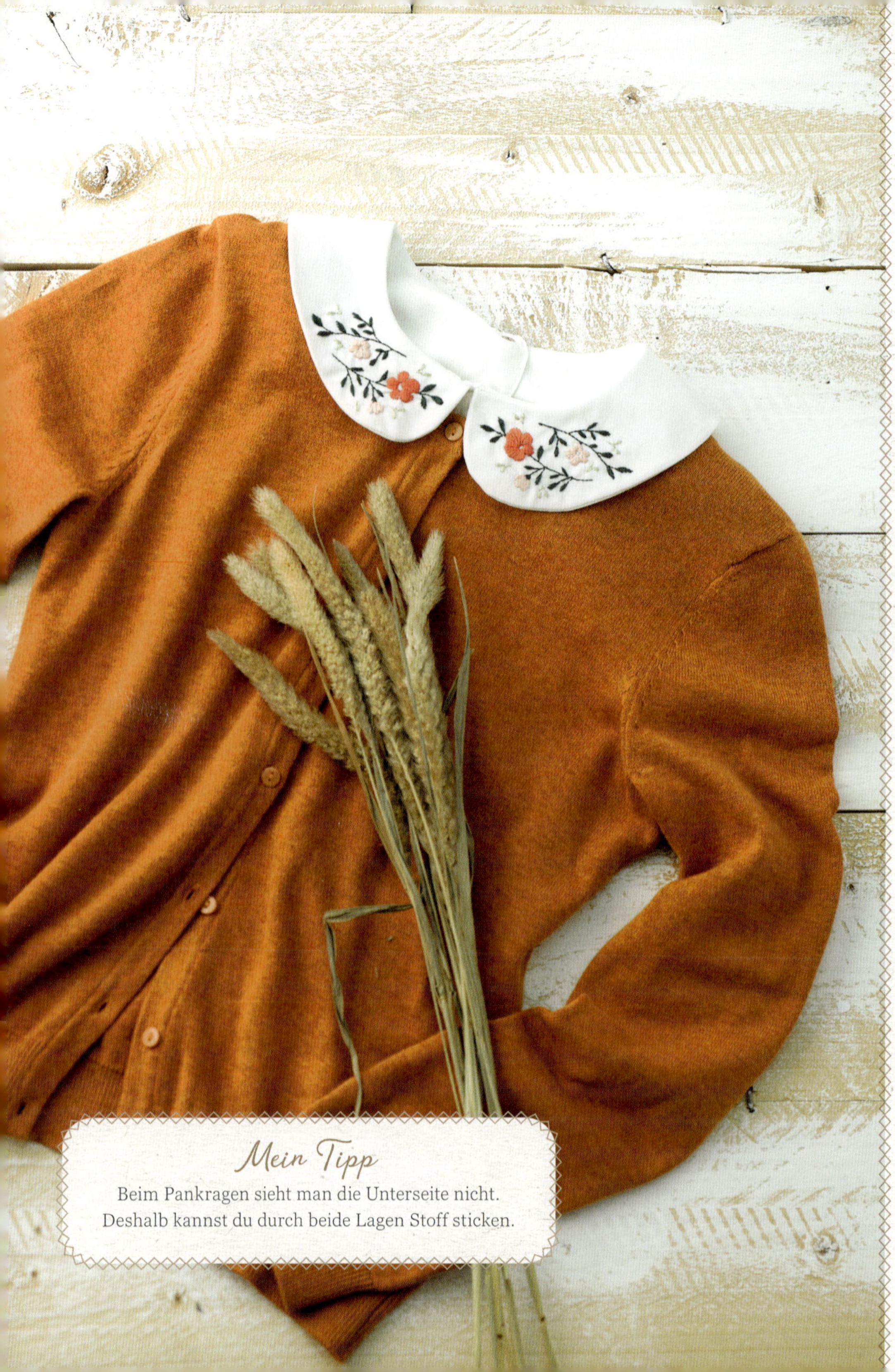

Mein Tipp

Beim Pankragen sieht man die Unterseite nicht. Deshalb kannst du durch beide Lagen Stoff sticken.

PROJEKT 4

HEMDKRAGEN MIT BLÜTENSTICKEREI

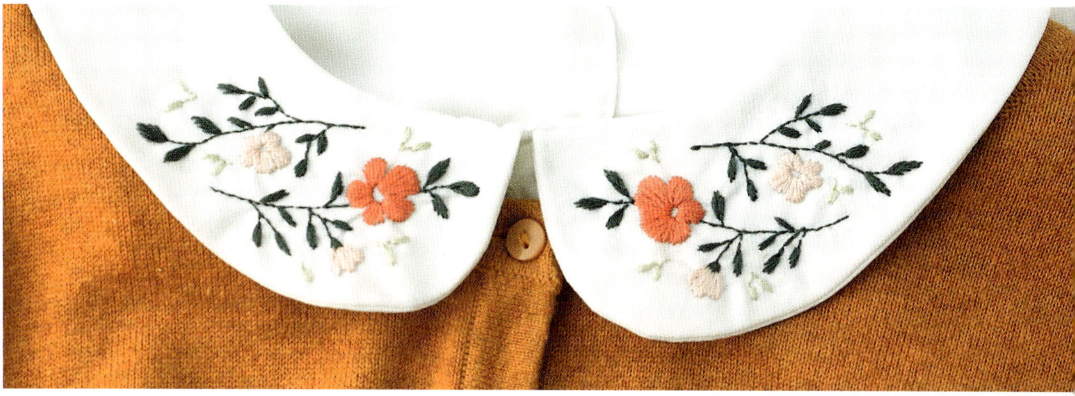

MATERIAL

- Anchor Sticktwist 6-fädig in Pink (Fb 35), Rosa (Fb 1021), Dunkelgrün (Fb 683) und Hellgrün (Fb 842)
- Pankragen aus Baumwoll- oder Leinenstoff in Weiß
- feine Sticknadel

1 Die Blumen mit 3 Fäden in Pink bzw. Rosa mit dem Plattstich sticken. Die Blütenblätter nacheinander aussticken, dabei die Stiche von der Mitte der Blüte strahlenförmig nach außen laufen lassen.

2 Die Blattranken in Dunkelgrün mit 2 Fäden sticken, dazu zunächst die Stängel im Rückstich sticken. Anschließend die Blätter im Plattstich sticken, dabei die Stiche leicht schräg zur Umrisslinie ansetzen statt horizontal oder vertikal.

3 Zwischen die gestickten Motive Blätter in Hellgrün einstreuen. Die Blätter wie die großen Blattranken mit 2 Fäden im Plattstich sticken. Der verbindende Stiel besteht aus 2 kurzen Einzelstichen.

PROJEKT 5

GARTENSCHÜRZE MIT BIENENKORB

MATERIAL

- Anchor Sticktwist 6-fädig in Ocker (Fb 890), Grün (Fb 269), Gelb (Fb 298), Hellgelb (Fb 293), Dunkelbraun (Fb 380), Naturweiß (Fb 002), Hellgrün (Fb 859) und Rotbraun (Fb 349)
- Schürze aus Baumwollstoff in Dunkelgrün
- Stickrahmen, ø 15 cm
- feine Sticknadel

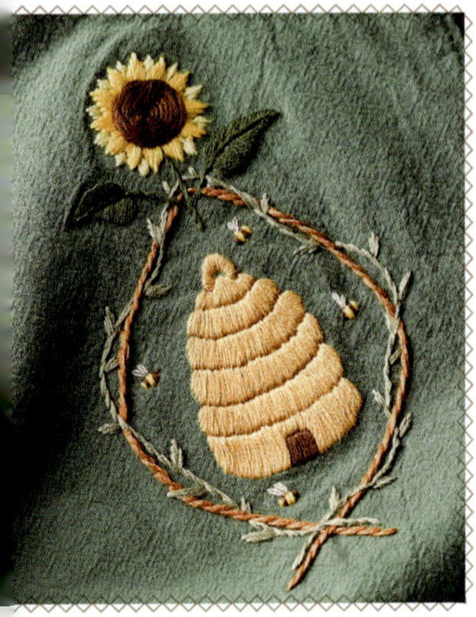

1 Für den Bienenkorb die einzelnen Lagen mit 3 Fäden in Ocker im Plattstich sticken. Die Öffnung mit Plattstichen in Dunkelbraun ausfüllen.

2 Die Bienen abwechselnd in Gelb und Dunkelbraun mit 3 Fäden sticken. Für die Flügel zwei kleine Kettenstiche mit einem Faden in Naturweiß platzieren.

3 Die Umrandung in Rotbraun 3-fädig im Stielstich arbeiten. Dann abwechselnd über und unter diese Umrandung die Blätterranken in Hellgrün sticken. Dabei den Stielstich bzw. Plattstich mit 3 Fäden für die Blätter verwenden.

4 Die Blütenblätter der Sonnenblume zuerst eine Runde mit 3 Fäden in Gelb, die zweite Runde 3-fädig in Hellgelb sticken. Dazu im Plattstich immer zuerst den längsten Stich sticken und dann rechts und links 2–3 kürzere Stiche. Anschließend mit Dunkelbraun die Mitte mit einer großen Webrose aussticken. Die Blätter in Grün im Plattstich arbeiten. Zum Schluss alle Stängel im Stielstich sticken.

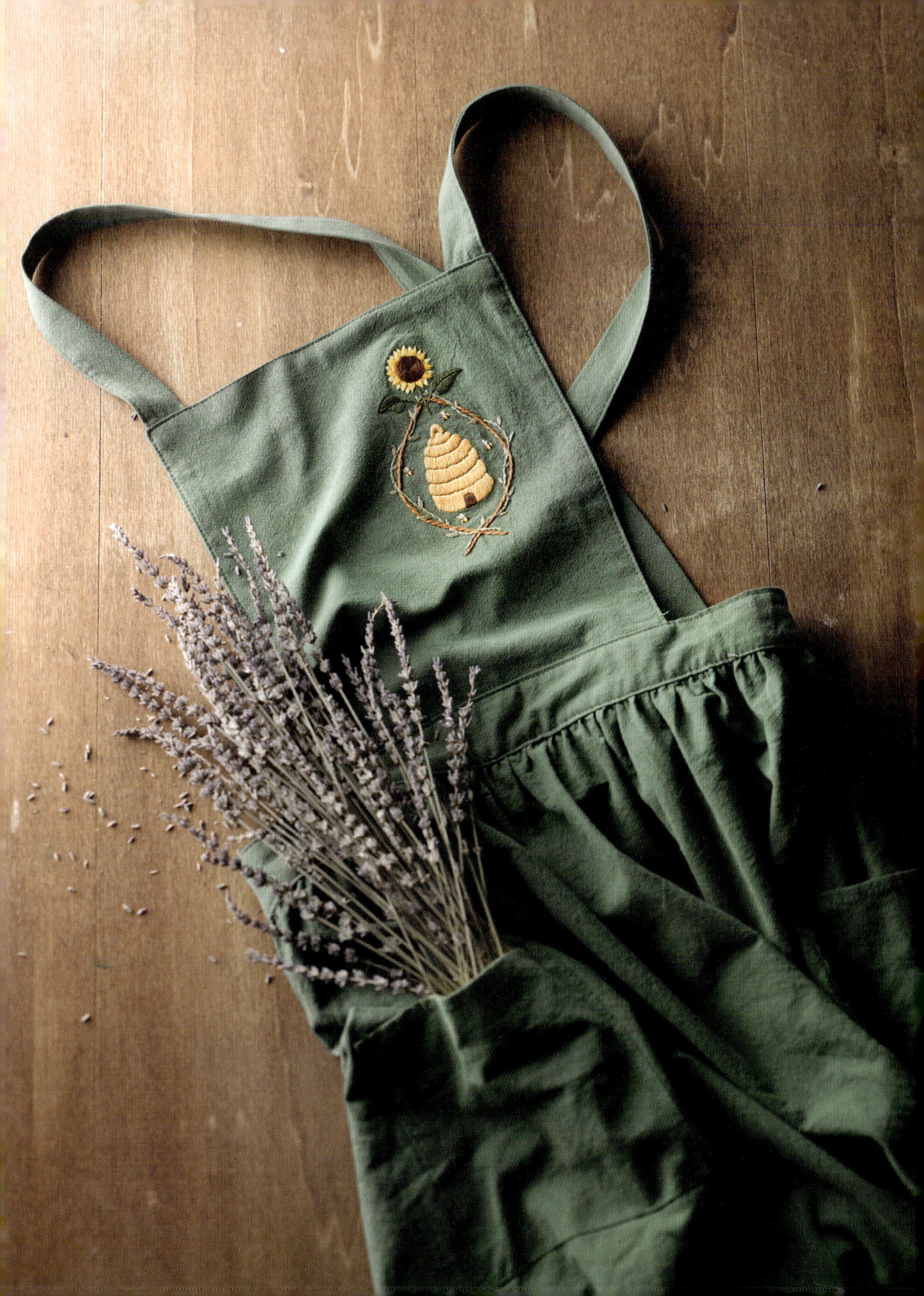

PROJEKT 6

BEUTEL MIT WILDBLUMEN

MATERIAL

- Anchor Sticktwist 6-fädig in Weiß (Fb 002), Hellgrün (Fb 842), Grün (Fb 859) und Dunkelgrün (Fb 262)
- Stoffbeutel aus Baumwolle in Blau
- Stickrahmen, ø 18 cm
- feine Sticknadel

Das Stickgarn wird, wenn nicht anders angegeben, 3-fädig verwendet.

1 Die Blüten der großen Blumen in Weiß mit dem Kettenstich sticken. Anschließend einen Kreis aus Knötchenstichen in der Mitte in Hellgrün arbeiten. Den Blütenkelch bei der oberen Blüte im Plattstich in Hellgrün sticken und die Stängel im Stielstich arbeiten.

2 Die Zweige mit den dunklen Blättern jeweils im Stielstich in Grün sticken. Die Blätter anschließend im Plattstich aussticken. Bei den spitzen Blättern innerhalb eines Blatts immer abwechselnd einen Stich links und einen Stich rechts ausführen. Bei den runden Blättern von einer Seite zu anderen arbeiten.

3 Den Zweig mit den kleinen weißen Blüten zunächst im Stielstich in Hellgrün vorsticken. Anschließend an den Stielen entlang einzelne Stiche als kleine Blätter positionieren. Zum Schluss die Blumen in Weiß ausarbeiten. Dafür immer 5 einzelne Stiche von der Mitte nach außen sticken.

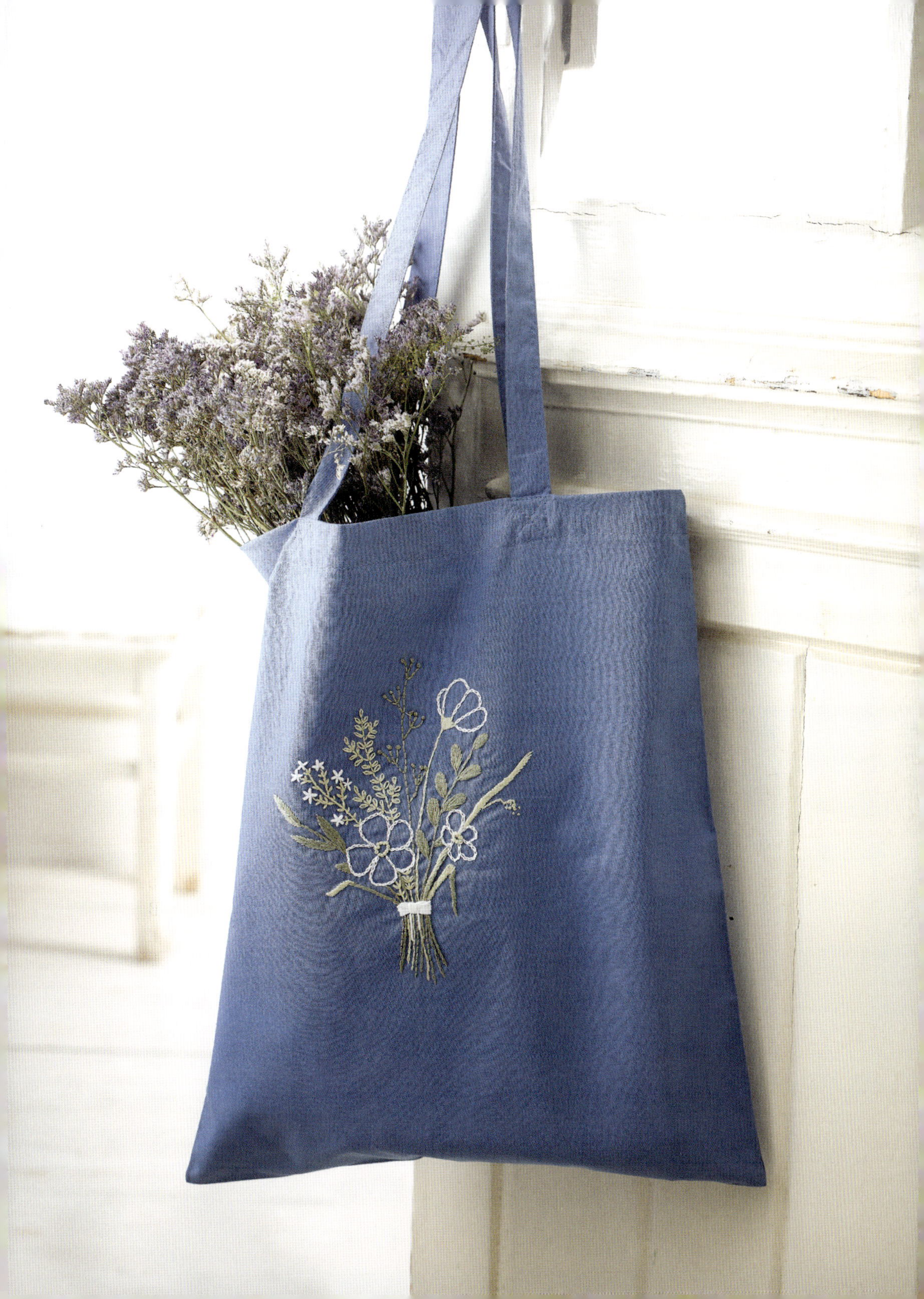

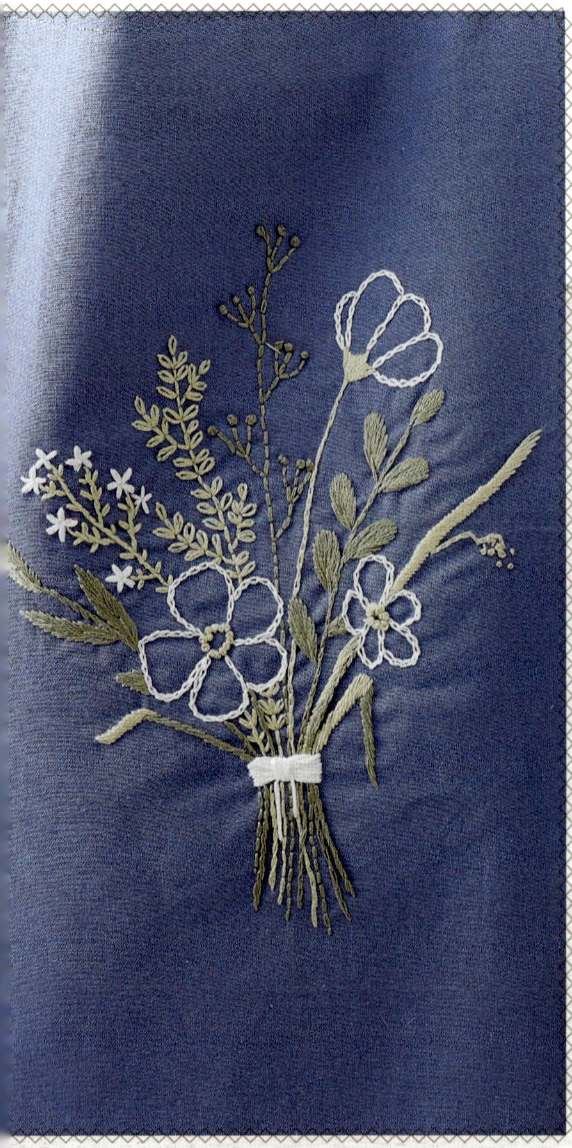

4 In Hellgrün den nächsten Zweig mit Rückstichen aussticken. Die Blätter mit einzelnen Kettenstichen auf beiden Seiten der Rückstichlinien sticken.

5 Die dunkelgrüne Wiesenblume im Rückstich nachsticken und an den Enden der Linien jeweils einen Knötchenstich setzen.

6 Das Gras in Hellgrün im Plattstich sticken. Den kleinen Puschel ganz rechts im Kettenstich sticken und einige Knötchenstiche einstreuen.

7 Damit der Strauß unten schön voll wirkt, noch einige zusätzliche Stängel in verschiedenen Grüntönen im Stiel- oder Rückstich sticken.

8 Für die Schleife mit 6 Fäden in Weiß mehrmals quer über den Bund sticken. Anschließend in der Mitte über alle Stiche 3–4 Mal sticken. Als hängendes Band zwei längere Einzelstiche von der Schleife Richtung Stängel sticken.

PROJEKT 7

JEANSJACKE MIT BUNTEN BLUMEN

MATERIAL

- Anchor Sticktwist 6-fädig in Hellgrün (Fb 859), Grün (Fb 262), Dunkelgrün (Fb 269), Tannengrün (Fb 683), Rosa (Fb 1022), Hellrosa (Fb 1021), Pink (Fb 35), Gelb (Fb 298), Dunkelbraun (Fb 380) und Weiß (Fb 002)
- Jeansjacke
- feine Sticknadel

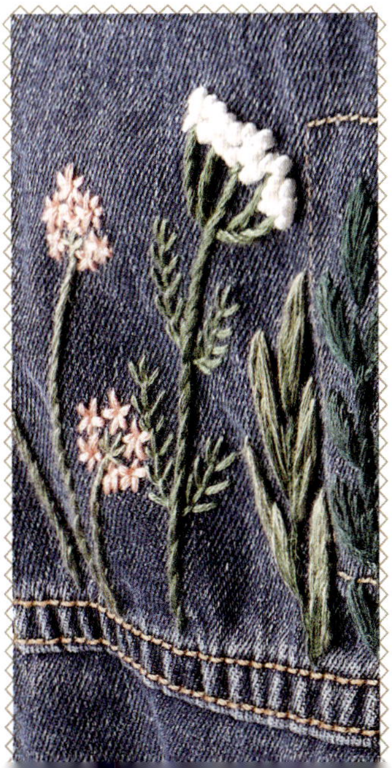

Das Stickgarn wird, wenn nicht anders angegeben, 3-fädig verwendet. Die einzelnen Schritte orientieren sich im Motiv von links nach rechts.

1 Die Stiele der rosa Blume in Hellgrün im Stielstich sticken. Die Blüten in Rosa jeweils strahlenförmig aus der Mitte heraus sticken.

2 Für die Schafgarbe die Stiele 6-fädig in Grün im Stielstich sticken. Die Blätter im Fliegenstich nacharbeiten. Für die Blüten Knötchenstiche mit 3 Fäden in Weiß locker über den Stielen verteilen.

3 Die zweifarbigen Blätter mit 6 Fäden in Hellgrün im Plattstich sticken. Dabei von oben nach unten arbeiten und auch in vorherige Stiche sticken, damit die langen Stiche fixiert sind. Mit Dunkelgrün im Stielstich den Stiel nachsticken und einen einzelnen Stich je Blatt in die hellgrünen Stiche setzen.

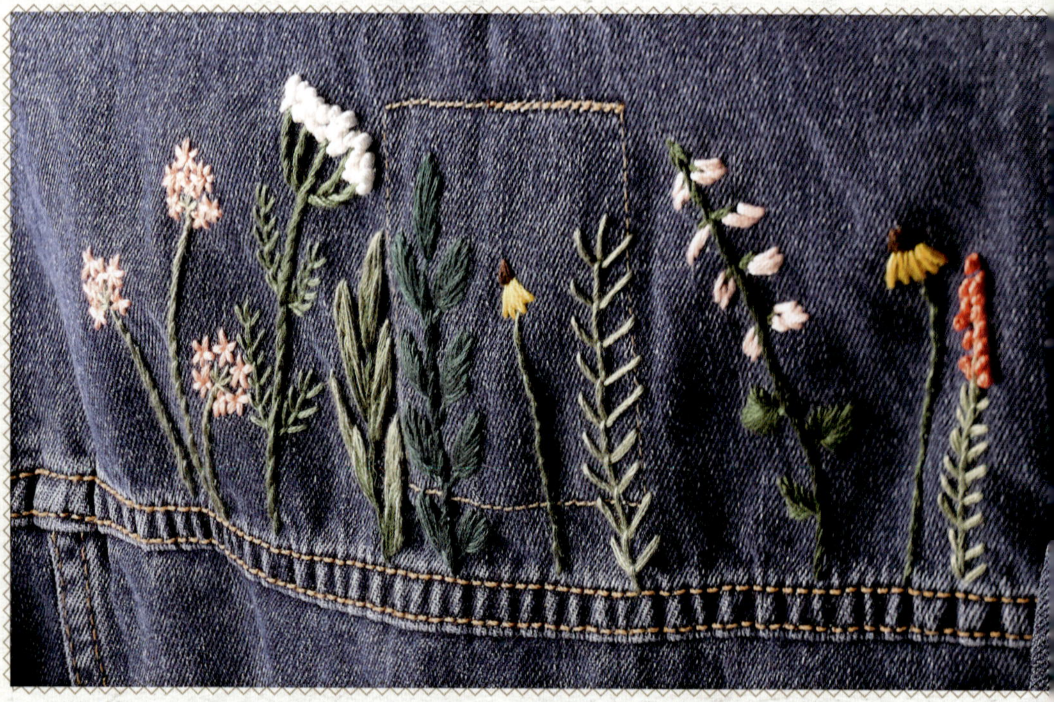

4 Im Plattstich die Blätter in Tannengrün 6-fädig ausfüllen. Dazu abwechselnd von den Seiten zur Mittellinie der Blätter sticken. Anschließend den Zweig im Stielstich nachziehen.

5 Den Stängel der beiden gelben Blumen in Grün im Stielstich sticken. Anschließend die Blüte in Gelb mit einzelnen Stichen ausarbeiten. In Dunkelbraun zum Schluss 3 Stiche nebeneinander oberhalb der Blüte setzen.

6 Mit 6 Fäden in Hellgrün einen großen Zweig im Fliegenstich sticken.

7 Für die Taubnessel zuerst den Stängel im Stielstich in Dunkelgrün sticken. Die Blätter im Plattstich ausarbeiten. Dabei alle Stiche von außen zum Ansatz am Stiel hin sticken. Anschließend einzelne Stiche in Dunkelgrün vom Stiel zu den Blütenblättern und den Blättern sticken. Die Blüten mit 3–5 einzelnen Stichen in Hellrosa 6-fädig setzen.

8 Die letzte Blume in Hellgrün 6-fädig im Fliegenstich sticken. Anschließend die Blüten ebenfalls 6-fädig in Pink ausarbeiten. Dazu Knötchenstiche entlang des oberen Drittels des Stängels positionieren.

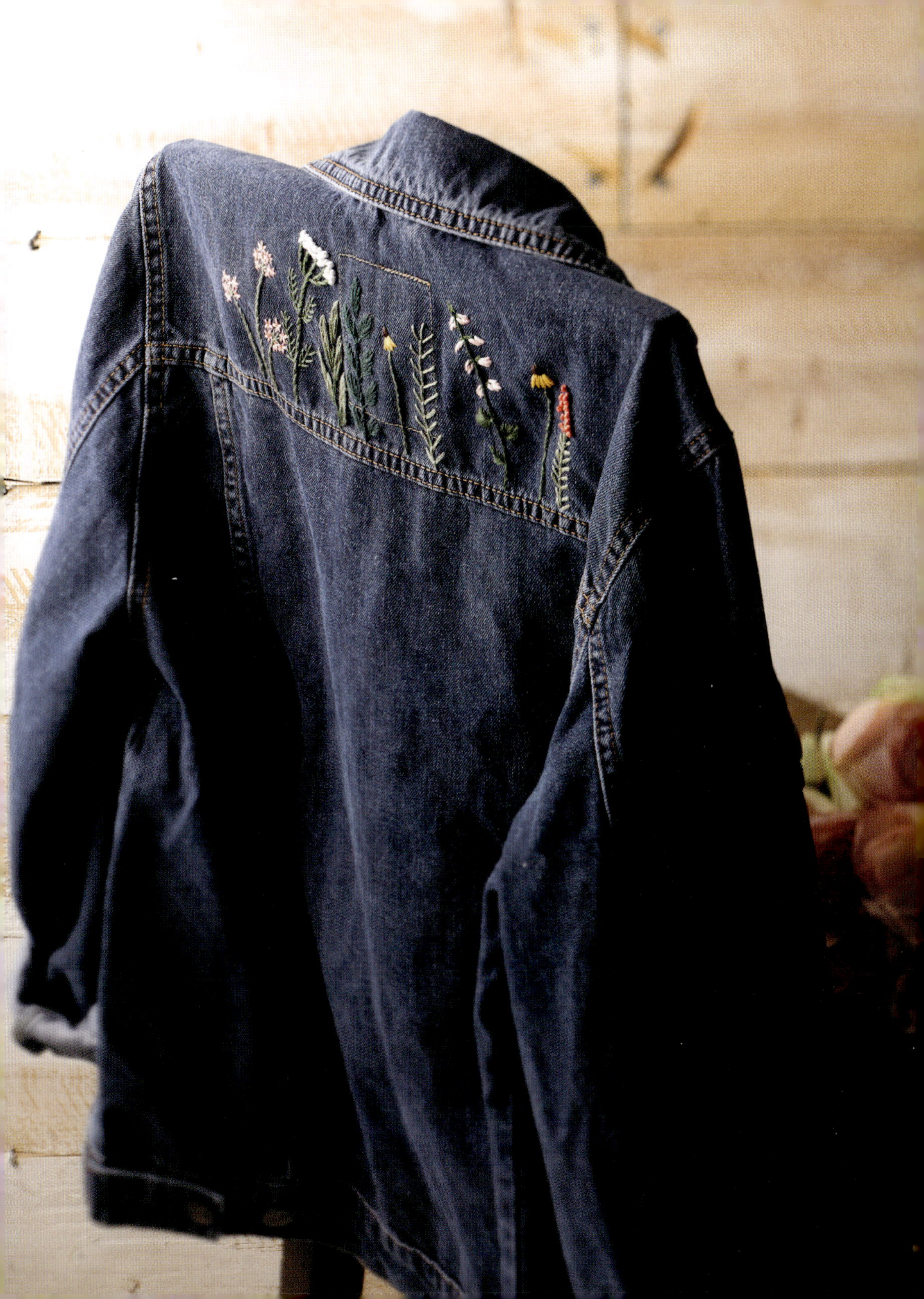

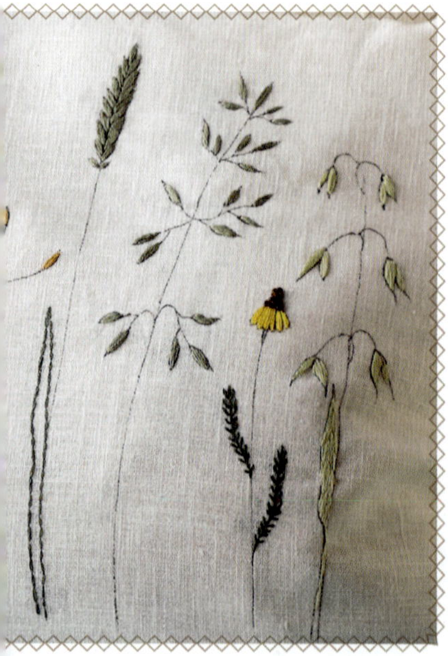

PROJEKT 8

KISSENBEZUG MIT WILD-GRÄSERN

MATERIAL

- Anchor Sticktwist 6-fädig in Gelb (Fb 298), Braun (Fb 380), Dunkelgrün (Fb 269), Hellgrün (Fb 842), Mittelgrün (Fb 859), Grün (Fb 262), Rosa (Fb 1021, 1022 und 1023) und Ocker (Fb 890)
- Kissenbezug aus Baumwolle oder Leinenstoff, mindestens 30 cm x 30 cm
- dünner Stoffstift in Schwarz (z. B. Posca Farbmarker)
- feine Sticknadel

Das Stickgarn wird 3-fädig verwendet.

1 Mit dem Stoffstift die Linien der Wildgräser sauber auf den Stoff übertragen. In Folgenden werden nur einzelne Details der Zeichnung (von links nach rechts) nachgestickt.

2 Die Gräser in den verschiedenen Grüntönen mit dem Plattstich sticken. Die Umrisse der Blätter mit dem Rückstich arbeiten. Das Wildgras links in Ocker im Plattstich sticken. Die Stängel nach Wunsch ebenfalls im Rück- oder Stielstich sticken.

3 Bei der gelben Blume zuerst die Blütenblätter in Gelb im Plattstich sticken. Dann in Braun den oberen Teil mit Knötchenstichen ausfüllen. Die Blätter entlang des Stiels in Dunkelgrün mit dem Fliegenstich arbeiten.

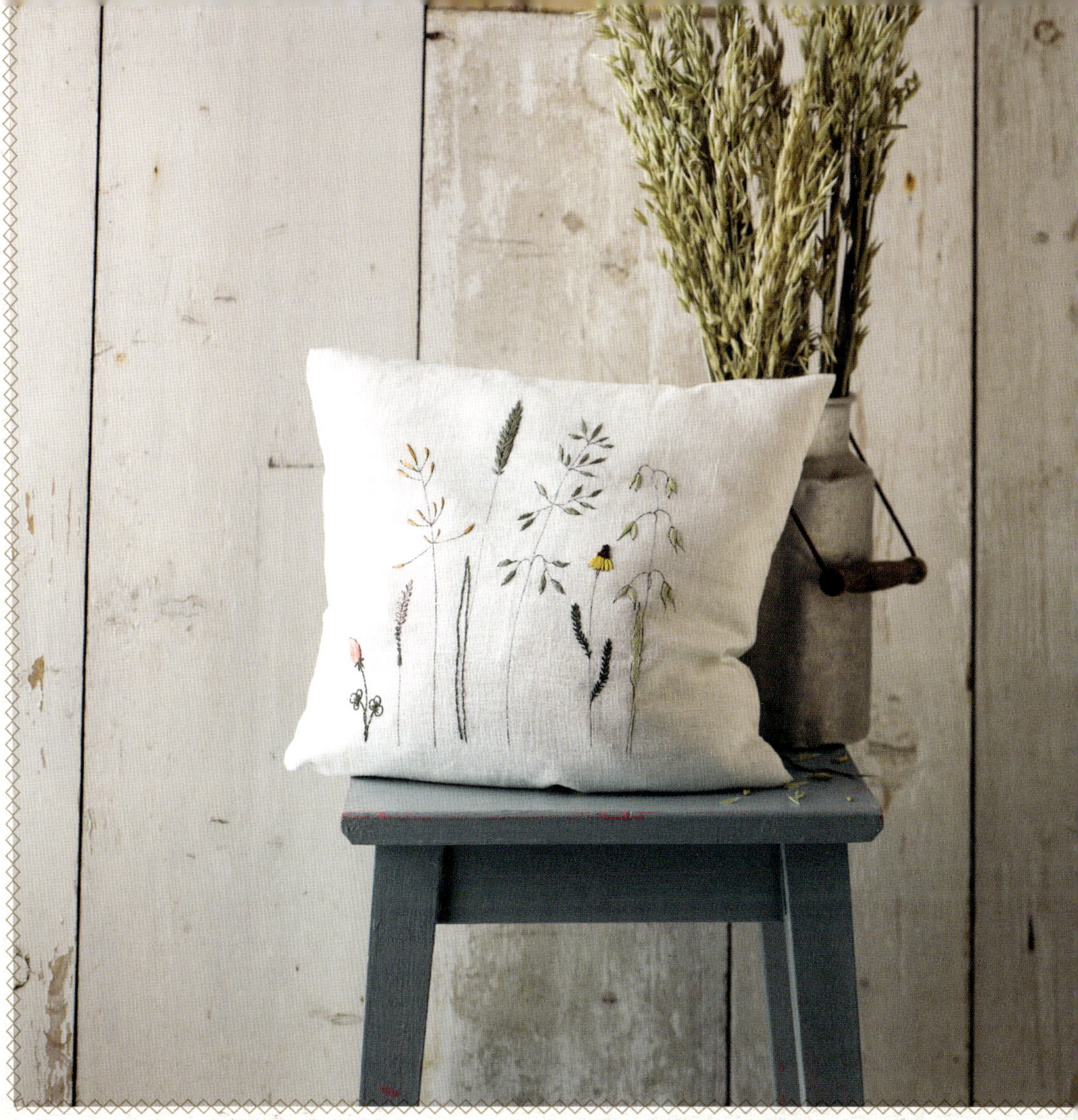

4 Bei dem Klee ganz links zuerst mit Dunkelgrün die Umrisse im Rückstich sticken. Zusätzlich je 2 einzelne Stiche innerhalb der Blätter und oben am Blütenkelch sticken. Die Blüte in Rosatönen von oben nach unten dunkler werdend im Plattstich ausfüllen. Dabei die Stiche versetzen, sodass die Farben sich etwas vermischen.

5 Die zweite Blume von links mit 1–2 Plattstichen sticken. Dabei nur die vorgezeichneten Flächen füllen. Oben in Hellrosa und unten in Grün arbeiten.

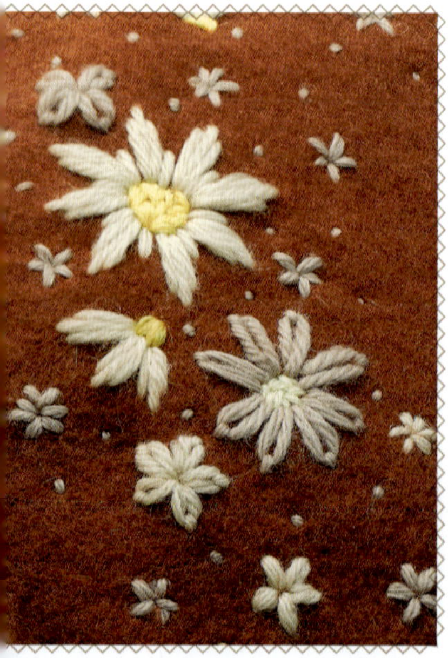

PROJEKT 9

BÉRET MIT WOLLBLUMEN

MATERIAL

- Stickgarn: Anchor Tapisserie-Wolle in Beige (Fb 9656), Naturweiß (Fb 8033) und Gelb (Fb 08118)
- Béret aus Wollfilz in Rotbraun
- feine Sticknadel
- Trickmarker

1 Legen Sie zunächst fest, in welchem Bereich des Bérets die Blumen sein sollen. Die Motive werden mehr gestreut, als dass ein festes Muster übertragen werden muss. Mit Trickmarker die Mitte der Blüten als Kreis einzeichnen, für die kleinen Blumen einen Punkt machen.

2 Für die große Blüte mit der gelben Mitte die Blütenblätter im Plattstich in Naturweiß sticken. Dafür einen langen Stich mittig und je einen kürzeren Stich zu beiden Seiten sticken. Zwischen den Blütenblättern jeweils zusätzlich einen kurzen Stich setzen. Die Blütenmitte in Gelb mit vielen durcheinandergewürfelten kurzen Einzelstichen ausfüllen. Die kleinere Blüte mit gelber Mitte genauso sticken.

3 Alle Margeriten mit einzelnen Kettenstichen sticken. Für die große Blüte das beigefarbene Stickgarn verwenden. Die kleineren Blüten in Beige und Naturweiß arbeiten. Die einzelnen Kettenstiche rund um den Mittelpunkt anordnen. Bei den kleinen Margeriten sind es 4–5 und bei der großen Blüte 8 Blütenblätter. Die große Margerite mittig mit einigen kurzen Einzelstichen füllen.

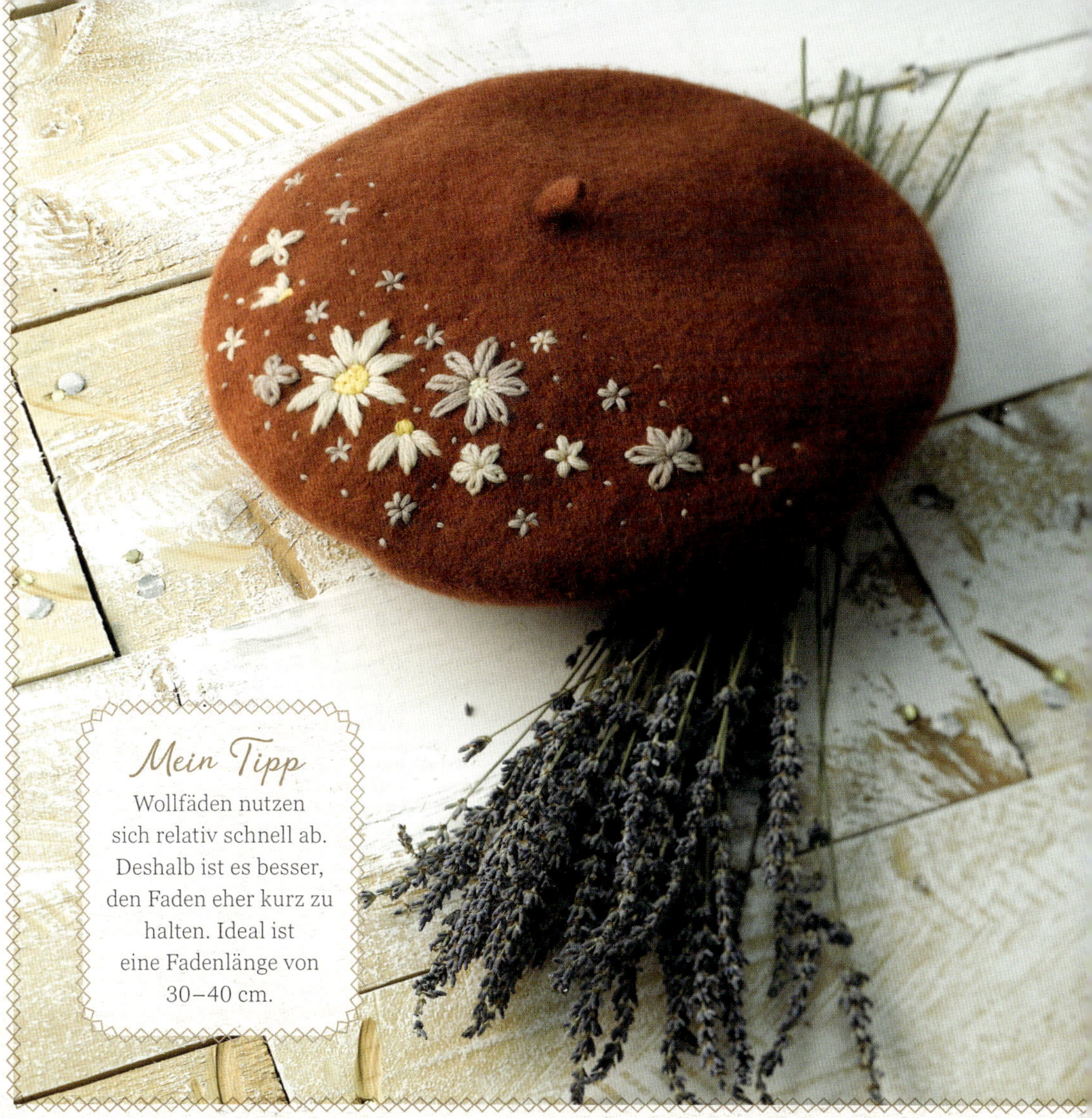

Mein Tipp

Wollfäden nutzen sich relativ schnell ab. Deshalb ist es besser, den Faden eher kurz zu halten. Ideal ist eine Fadenlänge von 30–40 cm.

4 Die Streublumen mit beigefarbenem und naturweißem Garn arbeiten. Für die kleinen Blütenblätter pro Blütenblatt dreimal über dieselbe Stelle sticken. Dadurch werden die Blüten schön dreidimensional.

5 Zum Schluss optional zwischen den Blüten einzelne kurze Stiche setzen, die dann wie Punkte die Motive optisch verbinden.

Mein Tipp

Feste Baumwollstoffe lassen sich etwas schwerer besticken. Ein Fingerhut schützt den Mittelfinger vor Verletzungen.

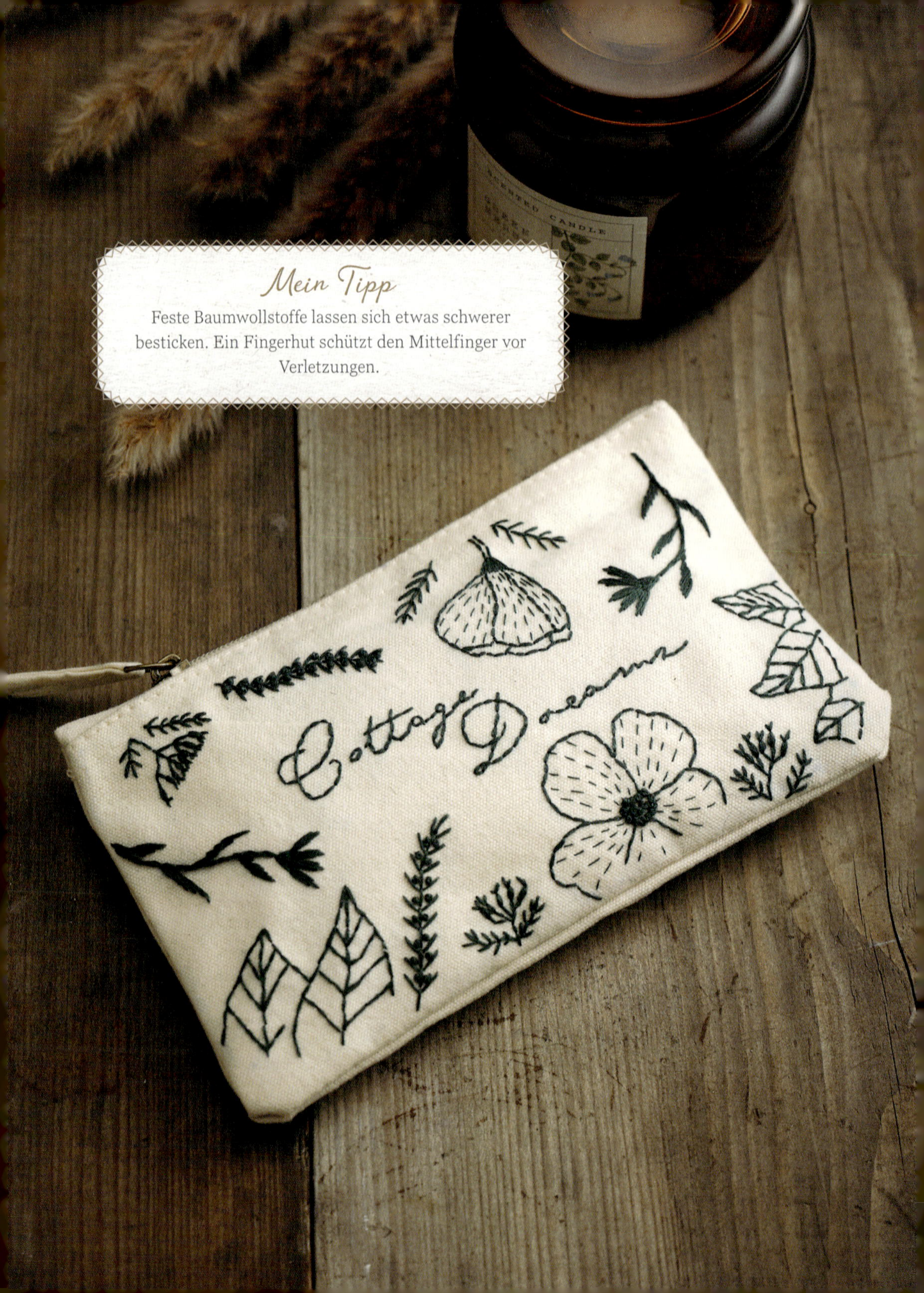

PROJEKT 10

KOSMETIKTÄSCHCHEN

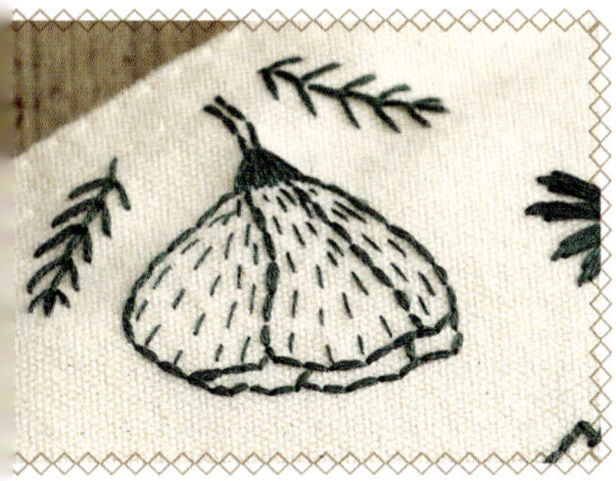

MATERIAL

- Anchor Sticktwist 6-fädig in Dunkelgrün (Fb 683)
- flaches Täschchen aus Baumwollstoff in Natur, 20 cm x 12 cm
- feine Sticknadel

Das Stickgarn wird außer an den gestrichelten Linien in den großen Blüten (siehe Schritt 3) 3-fädig verwendet.

1 Die großen Blätter im Rückstich sticken, dazu alle Linien nacharbeiten.

2 Für die Schafgarbe die Stiele im Rückstich sticken. Die Blüten mit 3 Plattstichen übereinander sticken und 2–3 kurze Stiche darüber anordnen. Die Blätter der Schafgarbe im Fliegenstich von oben nach unten sticken.

3 Die Umrisse der großen Blüten im Rückstich sticken. Anschließend mit 1 Faden die Linien im Inneren der Blüten im Vorstich sticken. Die Blütenmitte mit Knötchenstichen ausfüllen.

4 Die langen Blattranken im Fliegenstich von oben nach unten sticken. Anschließend optional Knötchenstiche paarig zwischen die Fliegenstiche setzen.

5 Die Stiele der zwei dunklen Blumen im Stielstich vorsticken. Anschließend die Blätter im Plattstich ergänzen und zum Schluss den Blütenkelch und die Blütenblätter ebenfalls im Plattstich sticken. Für die Blütenblätter einen langen Stich in der Mitte und auf jeder Seite einen kürzeren Stich setzen.

6 Die Buchstaben des Schriftzugs im Rückstich sticken.

PROJEKT 11

ROMANTISCHE HAARSCHLEIFE

MATERIAL

- Anchor Sticktwist 6-fädig in Gelb (Fb 298), Hellgelb (Fb 293) und Grün (Fb 262)
- Haarschleife aus Baumwolle oder Leinenstoff in Rosa
- feine Sticknadel

Das Stickgarn wird 2-fädig verwendet.

1 Zuerst die Stängel in Grün mit Stielstichen sticken. Die einzelnen Blätter ebenfalls in Grün mit 2–3 Plattstichen ausarbeiten.

2 Für die Blüten in Hellgelb und Gelb Knötchenstiche kreisförmig platzieren. Dabei die hellgelben Knötchen oben anordnen und die gelben unten.

Mein Tipp

Bei einer Schleife mit zwei Lagen Stoff, kann man so sticken, dass die Stickerei auf der Rückseite nicht zu sehen ist. Dafür den Knoten am Fadenende am Anfang deutlich höher an der Schleife ansetzen und mit etwas Kraft in die Schleife hineinziehen. Beim Sticken dann immer darauf achten, dass nur die vordere Stofflage bestickt wird. Am Ende den Faden innerhalb der Schleife hochziehen und an einer günstigen Stelle auf der Rückseite vernähen.

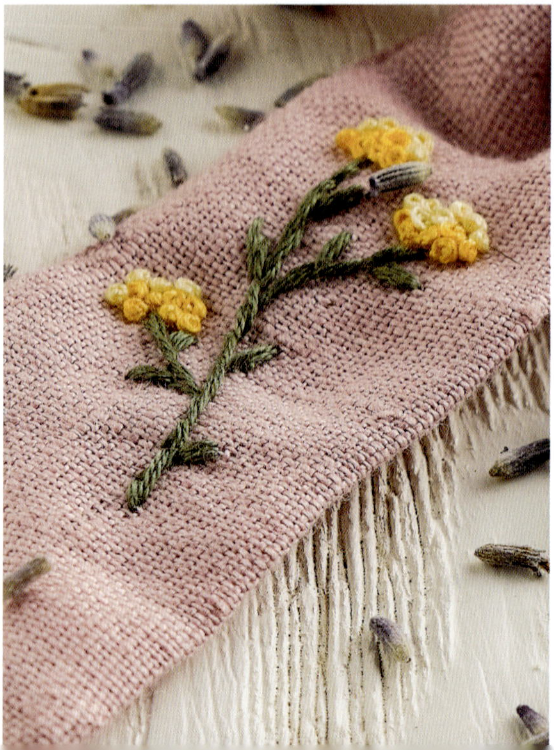

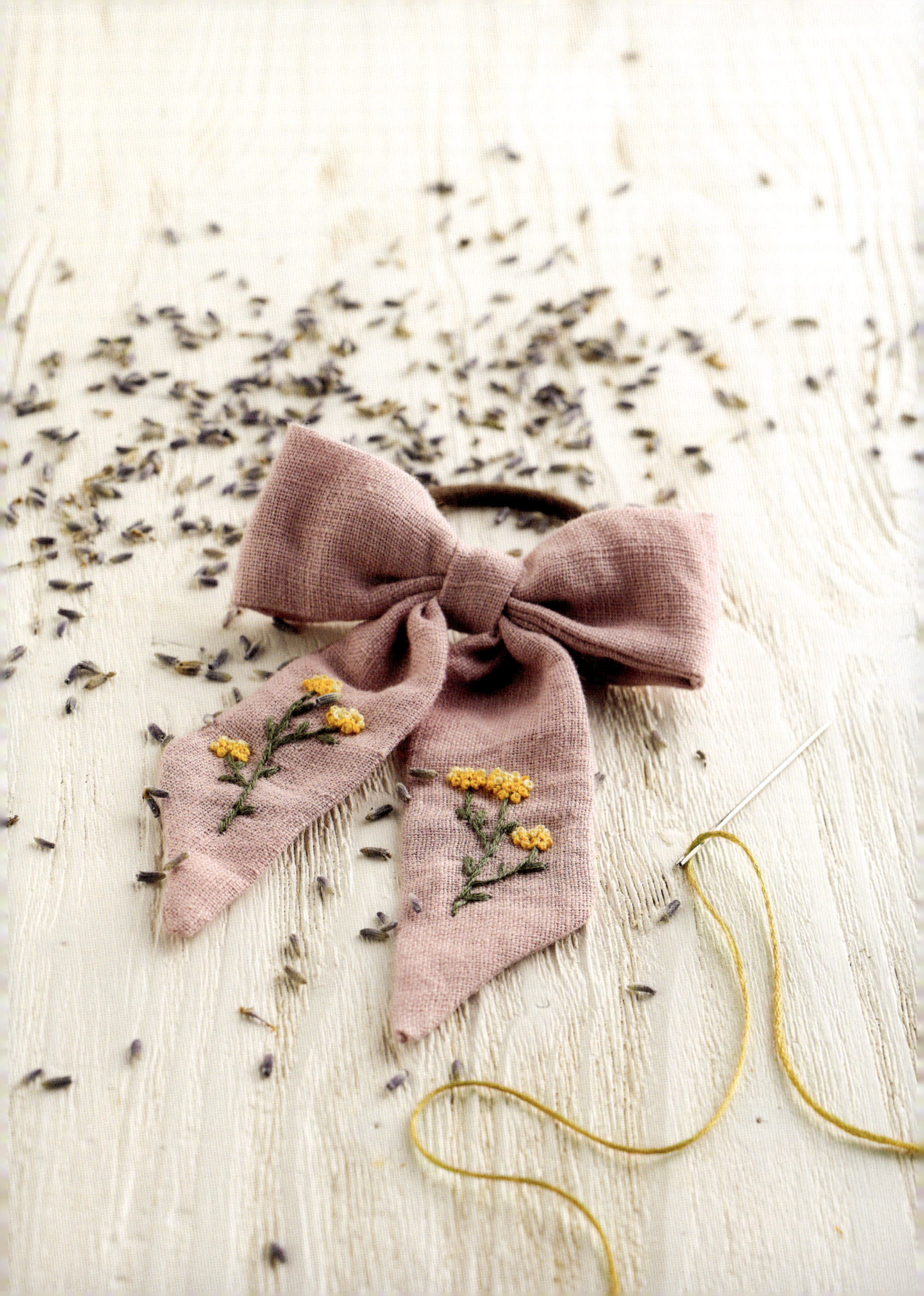

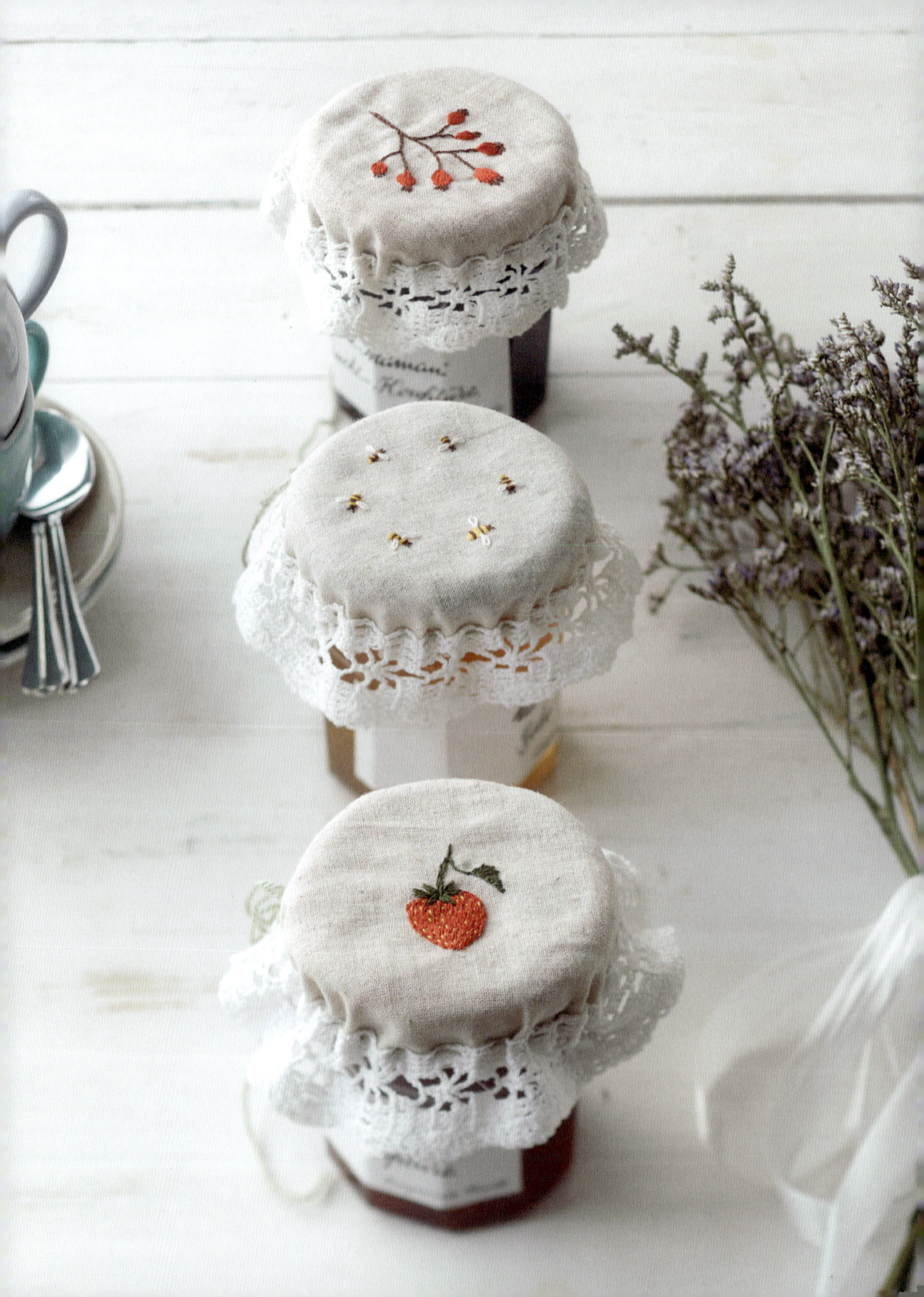

PROJEKT 12

MARMELADENGLAS-DECKCHEN

MATERIAL

- Anchor Sticktwist 6-fädig in Rot (Fb 47), Grün (Fb 269), Gelb (Fb 298), Braun (Fb 380) und Weiß (Fb 002)
- Baumwollstoff in Natur, 3x 14 cm x 14 cm
- Spitze oder Borte in Weiß, 2,5 cm breit, 3x 35 cm
- Stickrahmen, ø 10 cm
- feine Sticknadel

1 Für die Erdbeere zunächst die große Fläche in Rot 2-fädig im Plattstich aussticken. Die Stiche werden ineinander versetzt gestickt. Anschließend mit 2 Fäden in Gelb kurze Stiche für die Nüsschen der Erdbeere setzen. Unten sind die Abstände zwischen den Samen kleiner als oben. Stiel und Blatt in Grün mit 2 Fäden im Plattstich sticken.

2 Die Bienen zunächst mit 2 Fäden in Gelb sticken, dabei immer 2–3 Stiche pro Streifen setzen. Anschließend die Streifen in Braun genauso sticken. Die Flügel mit 2 Fäden in Weiß mit einzelnen Kettenstichen sticken.

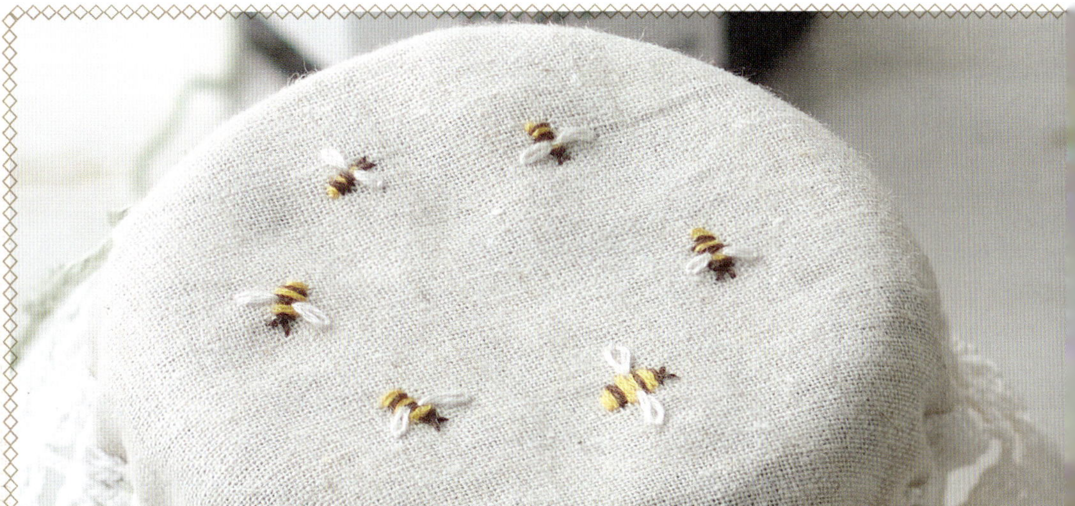

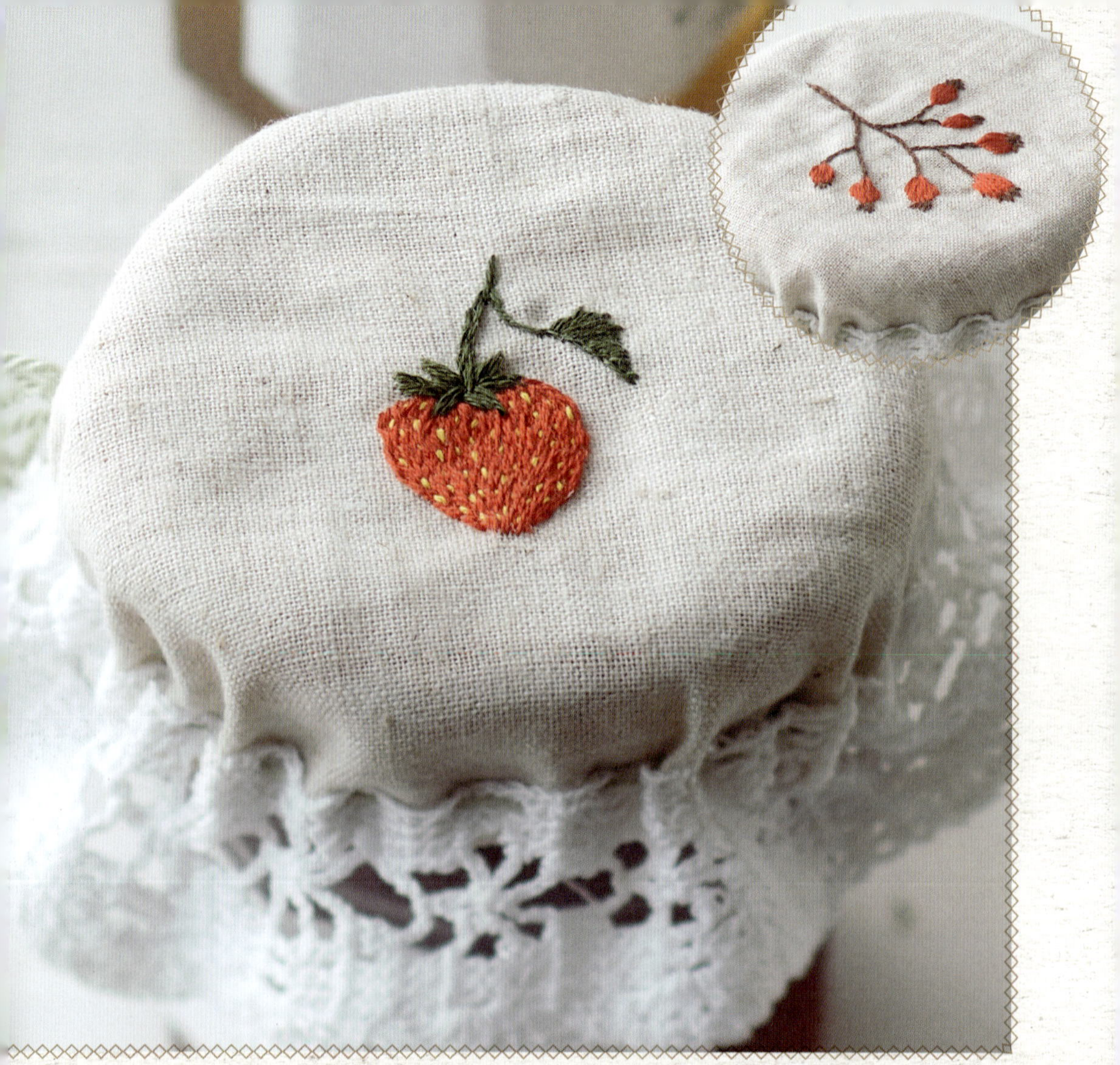

3 Für den Hagebuttenzweig zunächst die Hagebutten im Plattstich mit 2 Fäden in Rot sticken. Dann mit 2 Fäden in Braun die Zweige im Rückstich nacharbeiten. Die braunen Enden der Hagebutten mit einzelnen Stichen ebenfalls in Braun sticken.

4 Zum Fertigstellen die Deckchen um das Stickmotiv kreisrund mit ca. 14 cm Durchmesser ausschneiden. Die Spitze oder Borte jeweils mit 6 Fäden in Weiß mit großen Vorstichen an der Kante festnähen. Beide Fadenenden 5 cm lang hängen lassen. Die Deckchen über den Marmeladenglasdeckel legen, die Fadenenden zusammenziehen und zur Schleife binden.

PROJEKT 13

STICKBILD MIT BLUMENVASE

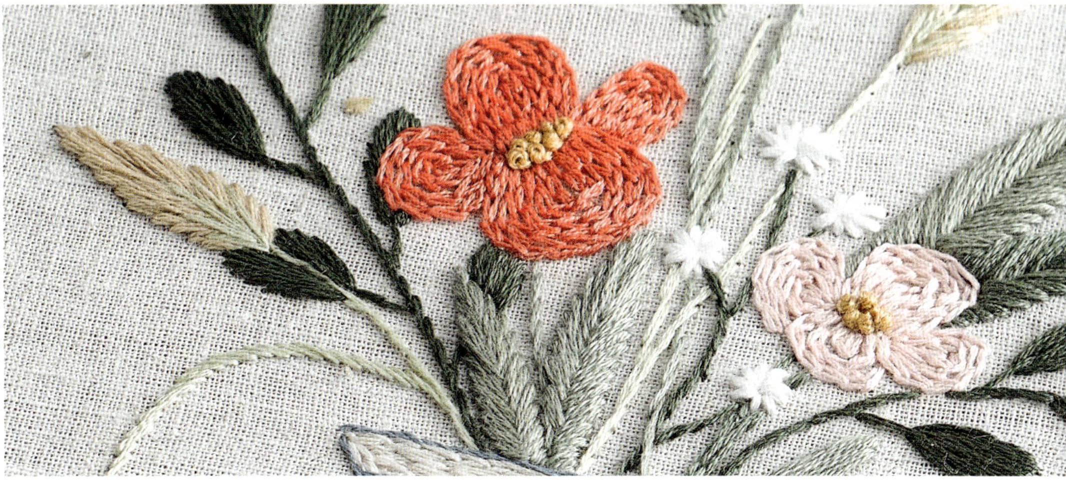

MATERIAL

- Anchor Sticktwist 6-fädig in Rosa (Fb 1021), Pink (Fb 35), Dunkelgrün (Fb 269), Beige (Fb 372), Hellgrün (Fb 842), Mittelgrün (Fb 262), Grün (Fb 859), Blau (Fb 1036), Hellblau (Fb 1034), Weiß (Fb 002) und Naturweiß (Fb 390)
- Baumwollstoff in Leinengrau, 30 cm x 30 cm
- Stickrahmen, ø 20 cm
- feine Sticknadel

Das Stickgarn wird, wenn nicht anders angegeben, 3-fädig verwendet.

1 Die großen Blumen mit Garn in Pink und Rosa im Kettenstich ausfüllen. Dabei zuerst die Umrisslinien und anschließend entlang dieser Linien nach innen sticken. Mittig 5–6 Knötchenstiche in Gelb setzen.

2 Für die Zweige mit den ovalen Blättern die Stiele im Stielstich in Dunkelgrün sticken. Die Blätter in derselben Farbe im Plattstich arbeiten. Dabei über die ganze Länge der Blätter gehen und am Stiel die Stiche zusammenführen.

3 Die Graspuschel zuerst 6-fädig in Beige sticken. Dazu im Plattstich von den Seiten zur Mitte hin arbeiten. Anschließend Stiche in Hellgrün 2-fädig vom Stiel aus in die beigefarbenen Stiche setzen. Zum Schluss die Grashalme im Stielstich arbeiten und die Blätter im Plattstich.

4 Die großen Blätter jeweils mit 6 Fäden in Mittelgrün und Grün sticken, dabei pro Blatt jeweils eine Farbe verwenden und im Plattstich von oben nach unten an den Seiten entlang sticken.

5 Die Stängel der Kornblume in Grün im Stielstich sticken. Anschließend im Plattstich in Mittelgrün die Blütenkelche ausfüllen. Die Blütenblätter in Blau als Plattstiche setzen.

6 Die Stängel der Margeriten mit dunkelgrünen Stielstichen nachsticken. Die Blüten mit 6 Fäden in Weiß arbeiten. Dazu strahlenförmig einzelne Stiche von der Mitte nach außen setzen.

7 Den Krug in Naturweiß mit Kettenstichen sticken. Anschließend alle Umrisslinien in Hellblau mit 2 Fäden im Stielstich nachsticken.

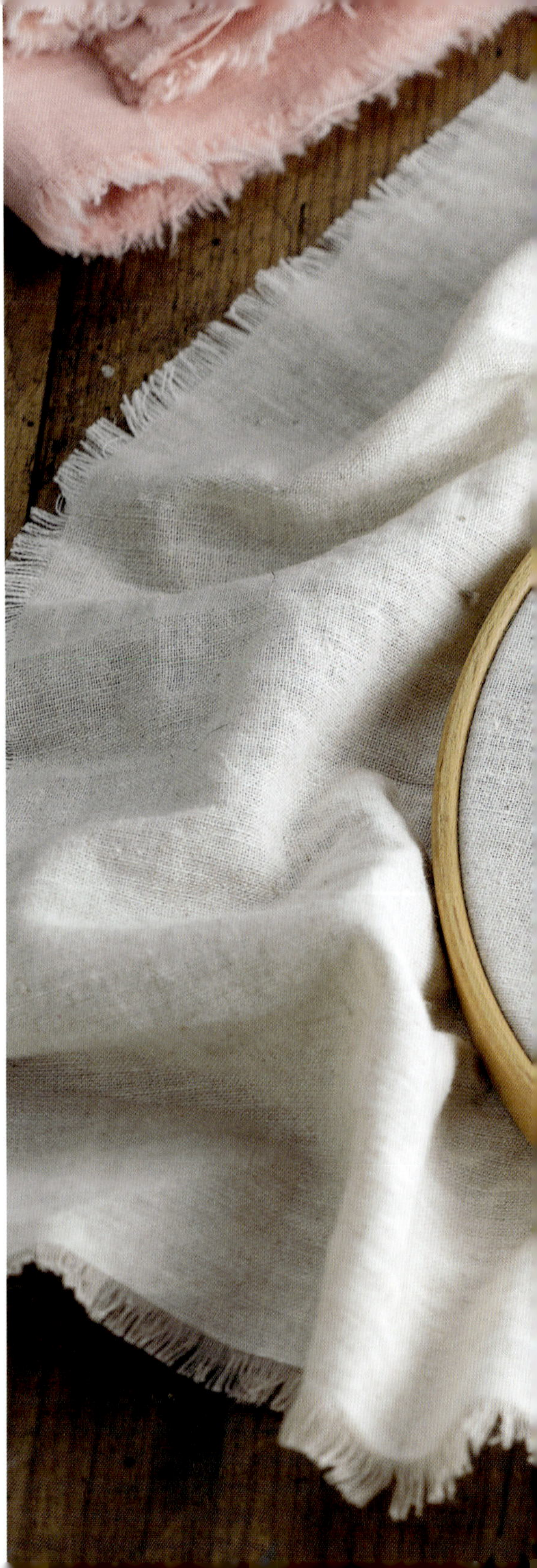

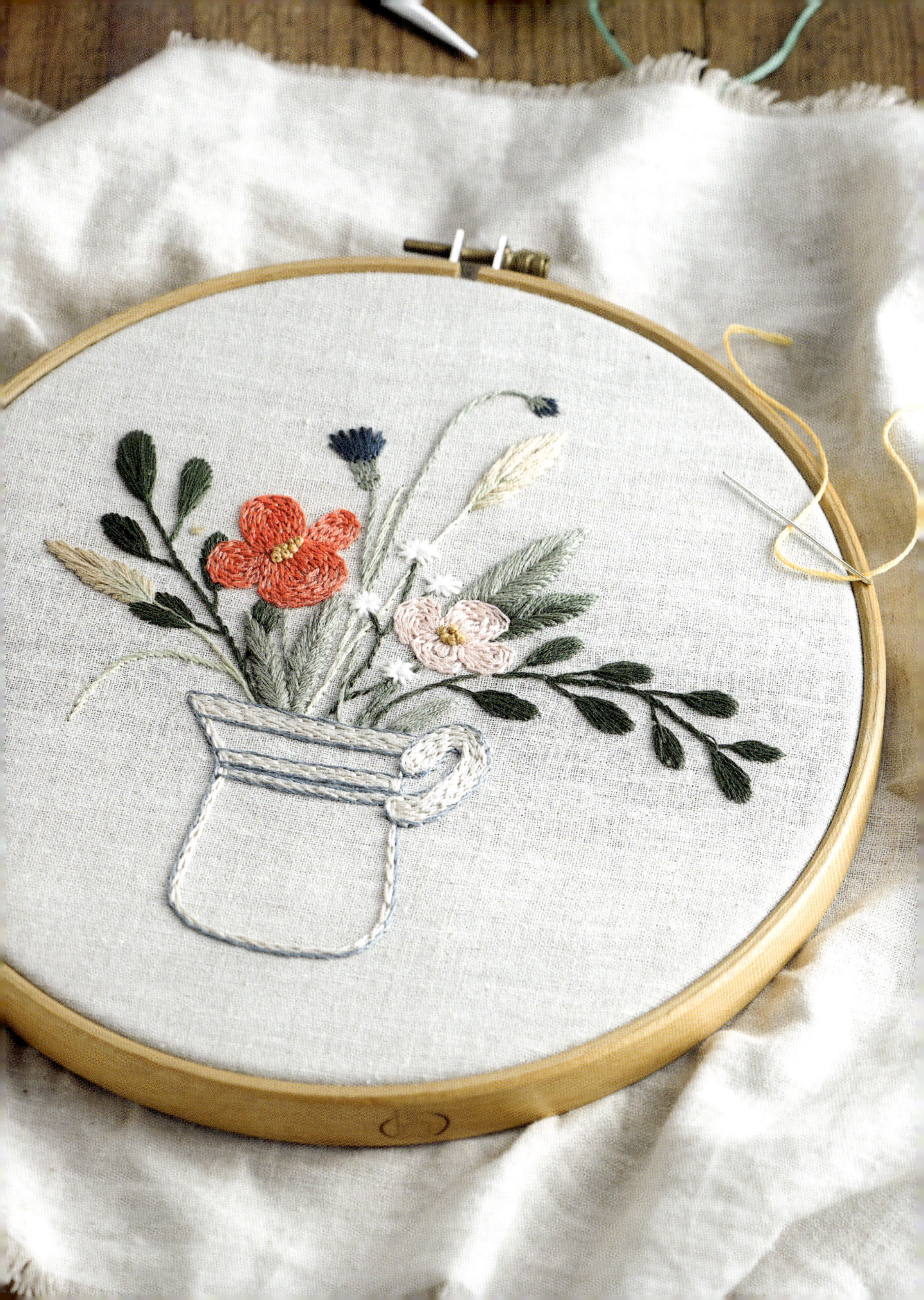

PROJEKT 14

BROTDECKCHEN

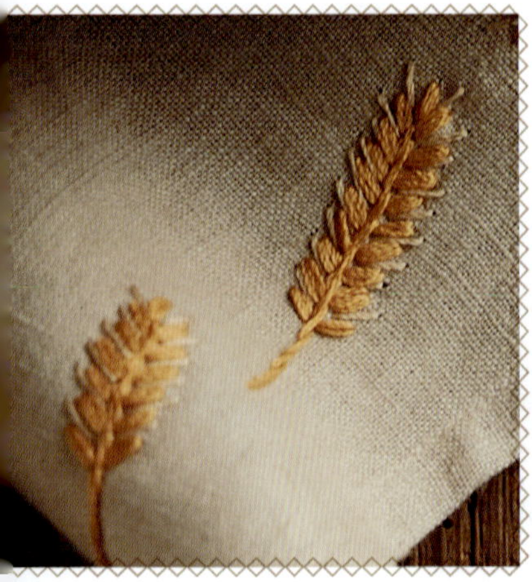

1 Mit Trickmarker eine Markierungslinie mit 3 cm Abstand von den Kanten des Deckchens anzeichnen. Sie dient als Orientierung; die Stängel der Weizenähren entlang dieser Linie positionieren.

2 Die Ähren einzeln sticken, dazu zunächst den Stiel von unten zur Spitze im Stielstich mit 3-fädigem Garn in Ocker sticken.

3 Für die Weizenkörner in Ocker 3 große Stiche schräg zum Stiel übereinander sticken.

4 Die Grannen zwischen den Körnern mit je 1 langen Stich 2-fädig in Hellbeige sticken.

MATERIAL

- Anchor Sticktwist 6-fädig in Hellbeige (Fb 372) und Ocker (Fb 890)
- gesäumtes Leinenset in Natur, 50 cm x 50 cm oder Größe nach Wunsch
- Stickrahmen, ø 15 cm
- feine Sticknadel
- Trickmarker

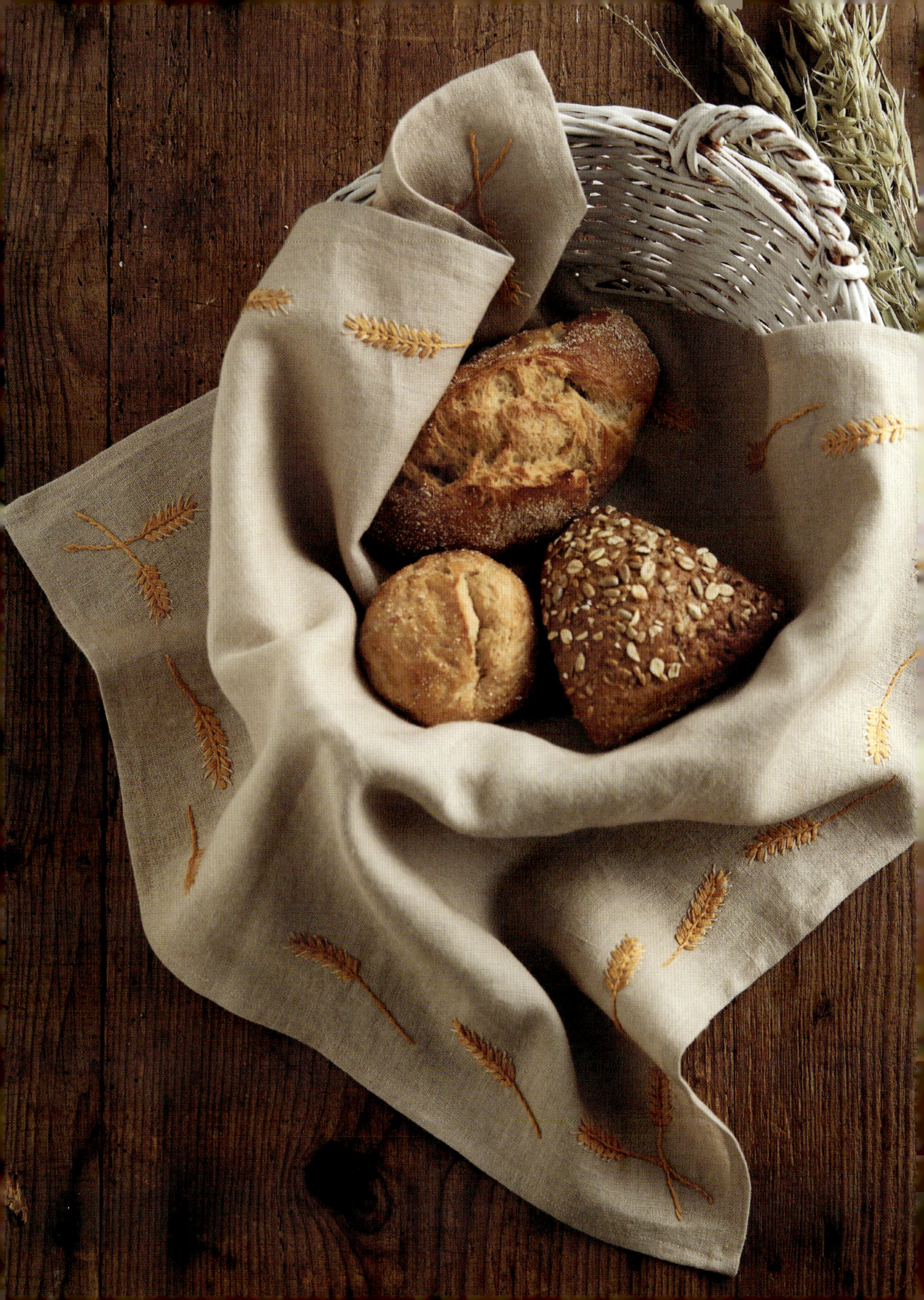

Mein Tipp

Wollfäden nutzen sich relativ schnell ab. Deshalb ist es besser, den Faden eher kurz zu halten. Ideal ist eine Fadenlänge von 30–40 cm.

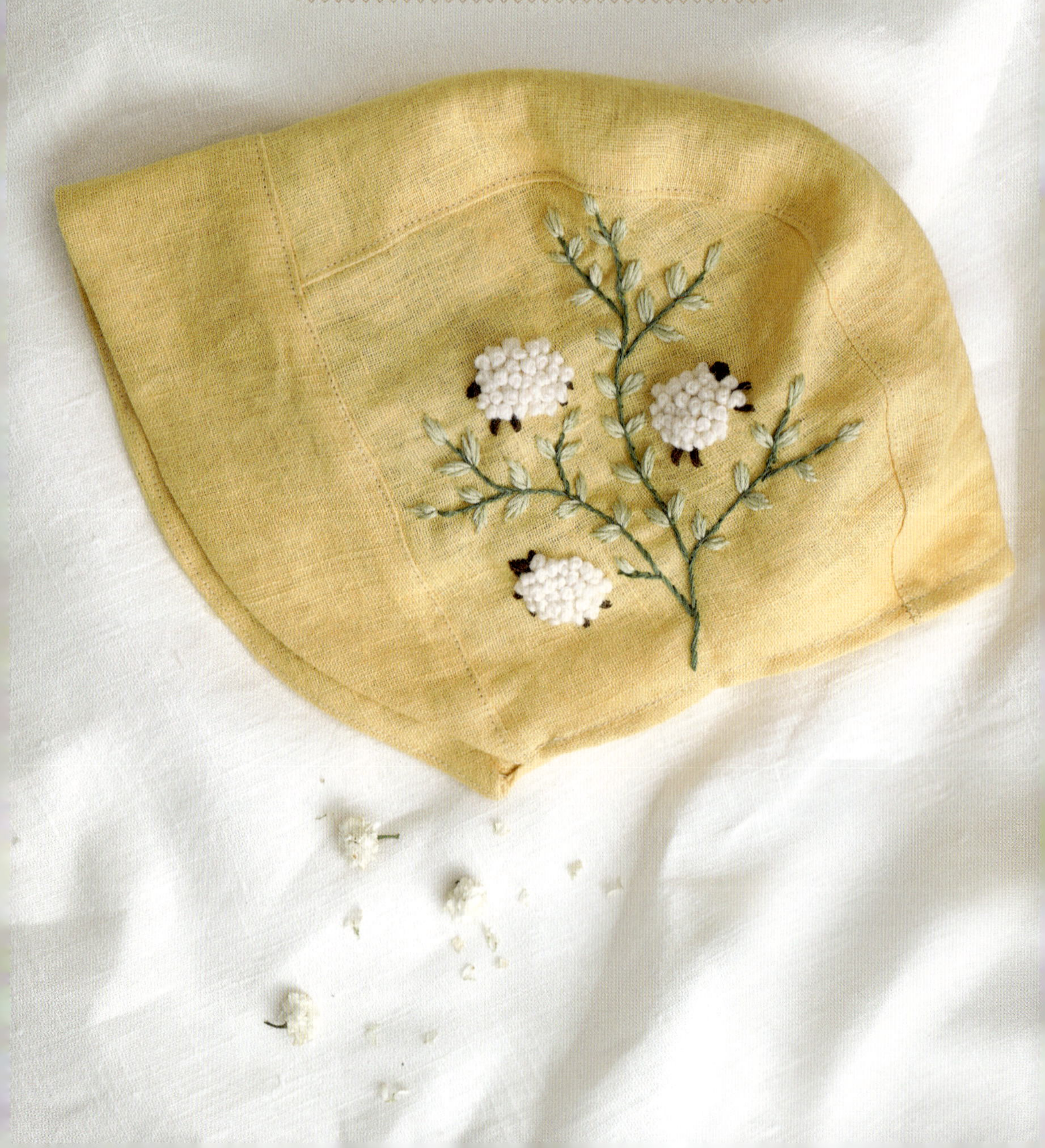

PROJEKT 15

BABYBONNET MIT SCHÄFCHEN

MATERIAL

- Anchor Tapisserie-Wollgarn in Weiß (Fb 8000)
- Anchor Sticktwist 6-fädig in Dunkelbraun (Fb 380), Grün (Fb 262) und Hellgrün (Fb 842)
- Babybonnet aus Baumwolle oder Leinenstoff in Gelb
- Stickrahmen, ø 10 cm
- feine Sticknadel
- dickere Nadel für Wollgarne

1 Die Schäfchen zuerst mit dem weißen Wollgarn im Knötchenstich sticken. Die Knötchen sollten den Stoff darunter komplett überdecken. Anschließend mit 6 Fäden in Dunkelbraun mit dem Plattstich Köpfe, Ohren und Beine der Schafe sticken.

2 Für die Blattranke zuerst die Stiele im Stielstich mit 6 Fäden in Grün sticken. Anschließend die Blätter ebenfalls 6-fädig in Hellgrün mit Plattstichen arbeiten. Die Stiche sollten am Stiel immer auf ein und denselben Punkt zulaufen.

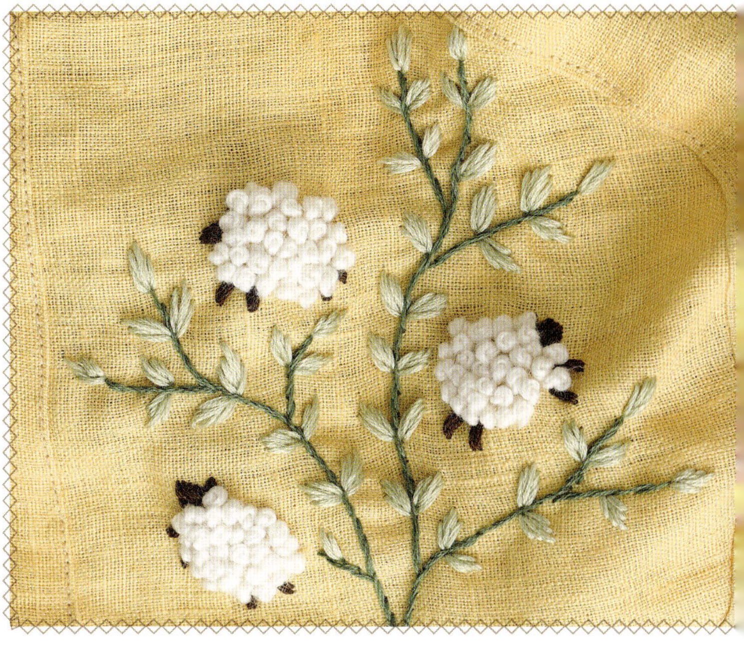

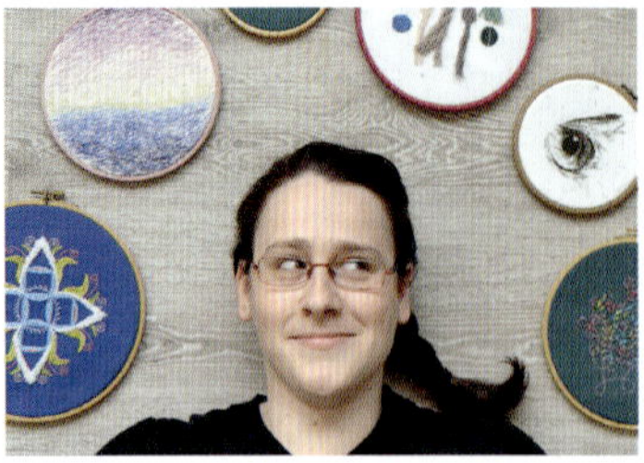

Hallo, ich bin Anne Mende und ich bin stickverrückt. Seit über zehn Jahren ist es meine Mission, Stickbegeisterten zu helfen, sticken zu lernen oder das Sticken noch besser zu verstehen. Begonnen hat meine eigene textile Reise in meinem Kinderzimmer mit der alten Nähmaschine meiner Mutter. Vom Nähen über Stricken, Spinnen, Färben und Häkeln habe ich alles ausprobiert. Doch nichts ist bei mir so hängen geblieben wie das Sticken. Nach vielen Umzügen bin ich mit meiner Familie jetzt im Oderbruch mitten auf dem platten Land gelandet. Hier bauen wir unser altes Bauernhaus aus, bearbeiten den Garten und laufen den ausgebüxten Hühnern hinterher (ja, wirklich!). Es war eine lange Reise bis hierher, die über Japan, zwei abgebrochene Studiengänge, aufregende Jahre in einem Mittelalterverein und auch das Mamawerden und -sein führte. Mit dabei waren immer die Handarbeiten. Ich bin so dankbar, damit einen Begleiter gehabt zu haben, mit dem ich in turbulenten Zeiten einen Raum der Ruhe und Entspannung finden konnte. Dieses Buch widme ich meinem Papa, der mich bei all meinen verrückten Ideen unterstützt.

DANKE!

Wir bedanken uns herzlich bei den Firmen MEZ Needlecraft GmbH und Butinette für die großzügige Materialunterstützung.

TOPP – UNSERE SERVICEGARANTIE

WIR SIND FÜR SIE DA! Bei Fragen zu unserem umfangreichen Programm oder Anregungen freuen wir uns über Ihren Anruf oder Ihre Post. Loben Sie uns, aber scheuen Sie sich auch nicht, Ihre Kritik mitzuteilen – sie hilft uns, ständig besser zu werden.

Bei Fragen zu einzelnen Materialien oder Techniken wenden Sie sich bitte an unseren Kreativservice,
Frau Erika Noll.
mail@kreativ-service.info
Telefon 0711/12375720
Das Produktmanagement erreichen Sie unter:
pm@frechverlag.de oder:
frechverlag Produktmanagement
Turbinenstraße 7
70499 Stuttgart
Telefon 07 11 / 8 30 86 68

LERNEN SIE UNS BESSER KENNEN! Fragen Sie Ihren Hobbyfach- oder Buchhändler nach unserem kostenlosen Magazin Meine kreative Welt. Darin entdecken Sie zweimal im Jahr die neuesten Kreativtrends und interessantesten Buchneuheiten.

Oder besuchen Sie uns im Internet! Unter www.topp-kreativ.de können Sie sich über unser umfangreiches Buchprogramm informieren, unsere Autoren kennenlernen sowie aktuelle Highlights und neue Kreativtechniken entdecken, kurz – die ganze Welt der Kreativität.

Kreativ immer up to date sind Sie mit unserem monatlichen Newsletter mit den aktuellsten News aus dem frechverlag, Gratis-Bastelanleitungen und attraktiven Gewinnspielen.

IMPRESSUM

FOTOS: frechverlag GmbH, 70499 Stuttgart; lichtpunkt, Michael Ruder, Stuttgart (Modellfotos: S. 16, 18, 20, 22, 24, 26, 30, 32, 34, 35, 38, 39, 43/44, 46); Anne Mende (Illustrationen: S.11-14)
PRODUKTMANAGEMENT: Laila Prota
LEKTORAT: Christine Schlitt
GESTALTUNG: Eva Grimme
HERSTELLUNG: Milena Ragger für Werbeagentur Rypka GmbH, 8143 Dobl, www.rypka.at; Heike Köhl
DRUCK: Livonia Print SIA, Lettland

3. Auflage 2021

ISBN 978-3-7724-6857-5 • Best.-Nr. 6857